www.gitarre-fuer-kinder.de
www.alfred.com

GARANTIERT GITARRE LERNEN FÜR KINDER BAND 2
ISBN-13: 978-3-933136-71-8
Bestell-Nr. 20146G

© 2010, renewed 2025 by Alfred Music Publishing GmbH
Lützerathstraße 127 • 51107 Köln
Printed in Germany
Alle Rechte vorbehalten

Covergestaltung: pw-design Petra Weißenfels, Neustadt/Wied
Illustrationen: Jeff Shelly und Felix Küssel (Leiter S. 32, 36, 48, 76, 78)
Fotos: Detlef „Dodo" Schmidt
Lektorat, Redaktion und Gesamtleitung: Thomas Petzold

Dank an:
Olaf Satzer für die Gitarrenmaus
Helge Kuhnert für die redaktionelle Mitarbeit
Tobias „Bibo" Motz fürs Modell sitzen
Daisy Rock Guitars für die coolen Gitarrenmodelle

HINWEIS ZU DEN AUDIOBEISPIELEN:

Zum Lieferumfang dieses Buchs gehört auch eine **Audio CD**. Die einzelnen Hörbeispiele und Play-Alongs zum Mitspielen sind im Buch mit einem **CD-Symbol** gekennzeichnet.

Solltest du keinen CD-Spieler besitzen, kannst du dir auf unserer Website alle Audiobeispiele als MP3-Dateien herunterladen und auf deinem Computer, Handy oder Tablet abspielen:

alfred.com/redeem:
Dein Password: 3933136717

Liebe Eltern, liebe Gitarrenlehrer!

Dieses Buch ist die Fortsetzung von GARANTIERT GITARRE LERNEN FÜR KINDER BAND 1. Es kann selbstverständlich auch als Ergänzung zu einem anderen Lehrwerk genutzt werden.

Die zugrundeliegenden Prinzipien sind die gleichen wie im ersten Band: Der Spaß am Spielen steht im Vordergrund. Dazu gibt es viel Spielmaterial mit bekannten Liedern und Solostücken aus unterschiedlichen Bereichen. Anschauliche Bilder und Fotos helfen, Spielfehler zu vermeiden. Im Gruppenunterricht ist dieser Band gut einsetzbar: das Zusammenspiel wird mit vielen Duostücken ermöglicht. Beim Einzelunterricht dient die beiliegende CD als Duopartner. Die einzelnen Stimmen liegen auf dem linken bzw. rechten Kanal der Aufnahmen. Wer keinen CD-Spieler besitzt, kann die Audiobeispiele auch online herunterladen.

Auf ihrer Reise durch die bunte Welt der Kinderlieder in Band 1 von GARANTIERT GITARRE LERNEN FÜR KINDER hatte Olli, die Gitarrenmaus, die Stammtöne auf der Gitarre und einfache Akkorde kennengelernt. Darauf baut dieser Band auf. Die Vorzeichen werden eingeführt und einige musikalische Grundbegriffe gelernt, außerdem gibt es neue Akkordgriffe zu lernen. Die Liedbegleitung ist wieder ein wichtiger Bestandteil. Einfache Zupfmuster werden eingeführt.

Die Hörbeispiele können sowohl als Play-Alongs zum Mitspielen als auch als Hörhilfen eingesetzt werden. Alle Stücke sind in nicht zu schnellem Tempo eingespielt.

Neu ist das zweistimmige Spiel mit Daumen und Fingern und die Einführung des Wechselschlages. Stilistisch ist das Ergebnis des Buches offen. Man kann danach durchaus in unterschiedlichen Stilrichtungen weiterarbeiten (*vgl. S. 86*).

Auch die Kreativität soll gefördert werden: Es gibt diverse Aufgaben zum Erfinden eigener Melodien. Viele Notenrätsel und Aufgaben dienen der Lernzielkontrolle.

Den Online-Service gibt es auch für diesen Band: Auf www.gitarre-fuer-kinder.de findet man die Lösungen der Aufgaben und andere nützliche Informationen zum Gitarrenspiel sowie ein Begriffslexikon. Und wer die Hörbeispiele als Dateien im mp3-Format benötigt, kann sie online auf unserer Website unter alfred.com/redeem mit einem Password (*vgl. S. 2*) herunterladen.

Inhaltsverzeichnis

Alle Töne aus dem 1. Band

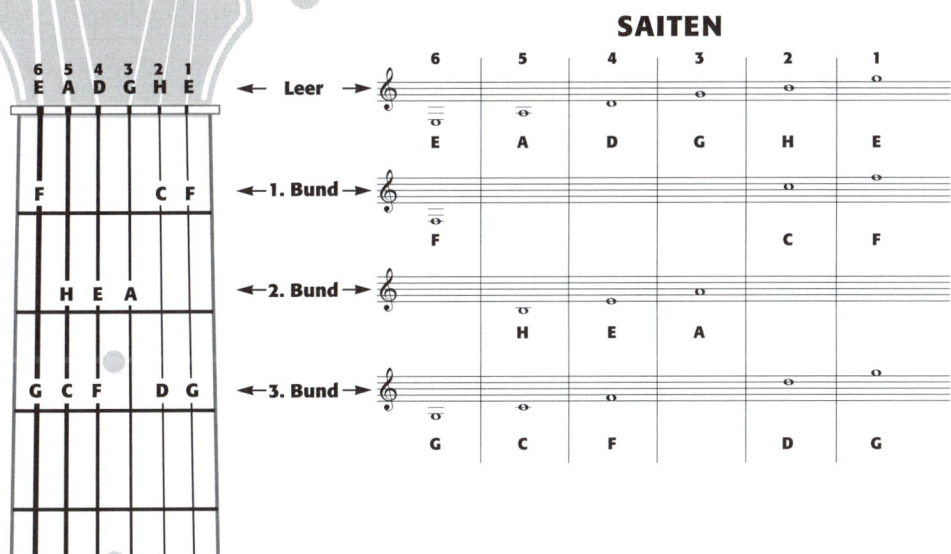

Hallo! Ich bin's, Olli, die Gitarrenmaus!

Prima, dass du noch mehr auf der Gitarre lernen willst!

Im ersten Band hattest du hoffentlich schon viel Freude am Gitarre spielen gehabt. Das soll auch in diesem Buch so bleiben! Viele wichtige Dinge hast du schon gelernt. Alle Töne in den ersten Bünden der Gitarre und viele Akkordgriffe kennst du schon. Es gibt natürlich noch eine ganze Menge mehr zu entdecken.

Du lernst noch mehr Akkorde und wie sie gegriffen werden. Dazu Zupfmuster, mit denen du deutsche und internationale Kinderlieder wie *Aramsamsam*, *Was müssen das für Bäume sein* oder *Skip To My Lou* begleiten kannst. Du lernst Vorzeichen und neue Taktarten kennen, mit denen du Tänze wie *Walzer* und *Rock'n'Roll* und bekannte Melodien aus Filmmusik, Blues, Pop und Klassik spielen kannst.

Daneben lernst du viele neue musikalische Begriffe und Zeichen. Mit vielen Notenrätseln und Aufgaben kannst du testen, ob du alles richtig gemacht hast. Dabei helfen dir auch die Lösungen auf www.gitarre-fuer-kinder.de. Sogar zum Komponieren wirst du in diesem Buch kommen. Das hört sich schwerer an, als es ist.

Lass dich davon nicht abschrecken! Auf der Begleit-CD kannst du dir immer anhören, wie die Lieder und Stücke klingen sollen.

CD Sie sind mit diesem CD-Symbol gekennzeichnet.

Und zum Abschluss erwartet dich deine nächste Gitarren-Urkunde.

Viel Spaß und viel Erfolg mit dem zweiten Band von GARANTIERT GITARRE LERNEN FÜR KINDER!

Jetzt geht's los!

Noch gespeichert?

Du siehst hier eine Abbildung des Griffbretts deiner Gitarre. Anstelle der Saiten sind Notenlinien gezeichnet. Ziehe wie im Beispiel an der linken Seite von jeder Note aus einen Pfeil an die Stelle des Griffbretts, an der sich der Ton befindet.

Die Lösungen findest du im Internet auf *www.gitarre-fuer-kinder.de*

Notenrätsel

Die Notennamen ergeben das gesuchte Wort. Wenn eine Pause in den Noten steht, befindet sich schon ein Buchstabe in der Lösung. Viel Spaß beim Lösen der Aufgaben!

Die Lösungen findest du im Internet auf www.gitarre-fuer-kinder.de

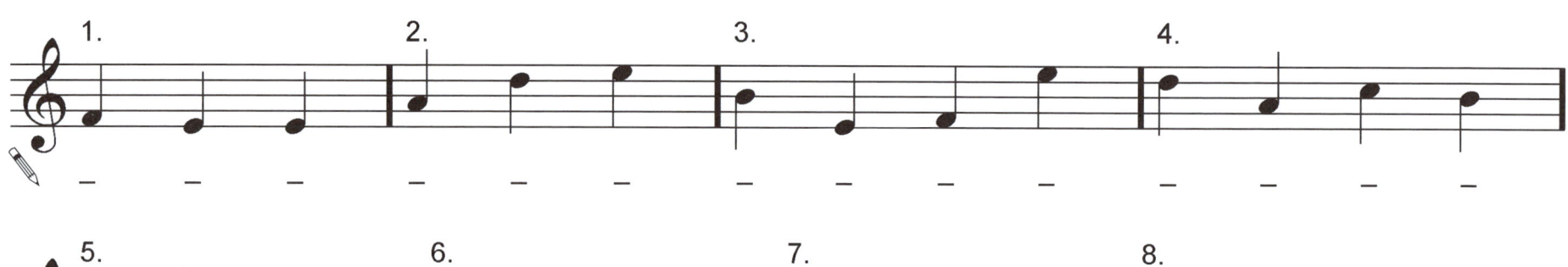

1. Märchengestalt
2. Abschiedswort
3. Braucht man zum Backen
4. Auf dem Haus ist ein ...
5. Schrankteil
6. Tier
7. Der Boss
8. Macht man mit einem Besen
9. Wächst auf dem Kopf
10. Ein Instrument
11. Streichinstrument
12. Pferdefutter

Hast du alles heraus gefunden? Auf der nächsten Seite kannst du eigene Notenrätsel erfinden!

Hier kannst du Noten für deine eigenen Rätsel hineinschreiben.

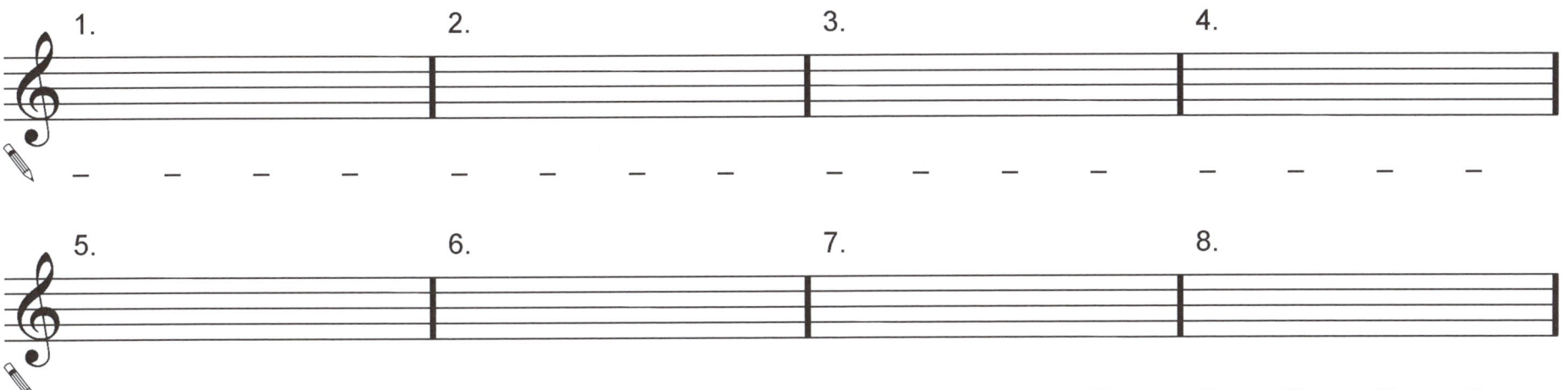

1 Bevor wir uns an neue Dinge heranwagen, musst du deine Gitarre stimmen. Auf der CD habe ich dir in Hörbeispiel 1 alle Saiten mehrmals angeschlagen.

Hörbeispiel 3 ist ein neues Lied mit den Tönen aus Band 1 und dem C-Dur-Akkord als Begleitung. Der Begleitrhythmus für den C- und den G7-Akkord sieht so aus:

2 Dieses Lied kann auch als Duo gespielt werden. Du spielst die Melodie, dein Freund oder Lehrer die Begleitung. Danach wechselt ihr die Stimmen. Du übernimmst die Akkorde. In der Gruppe kann man auch zu zweit oder zu dritt eine Stimme übernehmen.

Hast du niemanden, der die 2. Gitarre spielen kann, dann kannst du zur CD mitspielen. Dafür brauchst du nur den Balanceregler an deiner Anlage nach links oder rechts zu drehen.

3 ## Den C-Akkord, den lieb ich sehr

Text und Musik: Tom Pold

Spiele dieses Lied mit einem Freund, deinem Lehrer als Duo oder einfach nur zur CD!

Den C - Ak - kord, den lieb ich sehr. Er streckt die Fin - ger im - mer mehr. Er

klingt so voll, ist Dur, nicht Moll. Ihn fin - det je - der echt toll.

Melodiespiel mit den Fingern

Wir lernen eine neue Art, wie man die Saiten anzupfen kann. Bisher haben wir die Melodietöne immer mit dem Daumen oder einem Plektrum angezupft. Jetzt verwenden wir die anderen Finger der rechten Hand! Im folgenden Warm-Up zupfst du die leere zweite Saite mit dem *Zeigefinger* in Pfeilrichtung an. Den *Daumen* kannst du auf der sechsten Saite abstützen.

i = Zeigefinger

Ausholen

Anschlagen

Ausschwingen

Warm-Up Zeigefinger

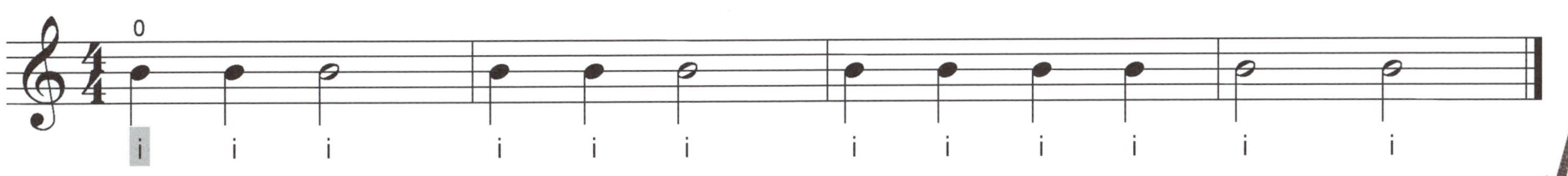

Zupfe jetzt in gleicher Weise die leere E-Saite mit dem *Mittelfinger* an.

Warm-Up Mittelfinger

m = Mittelfinger

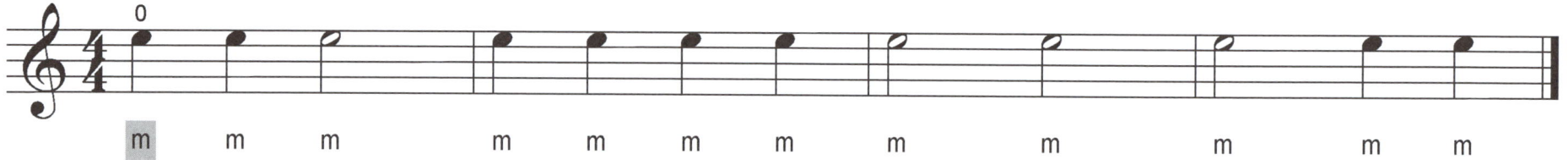

Der Wechselschlag

Beim Melodiespielen verwenden wir ab jetzt beide Finger abwechselnd. Das nennt man *Wechselschlag*. Hier benutzen wir beide Finger abwechselnd auf unterschiedlichen Saiten.

Zeigefinger (i)

Mittelfinger (m)

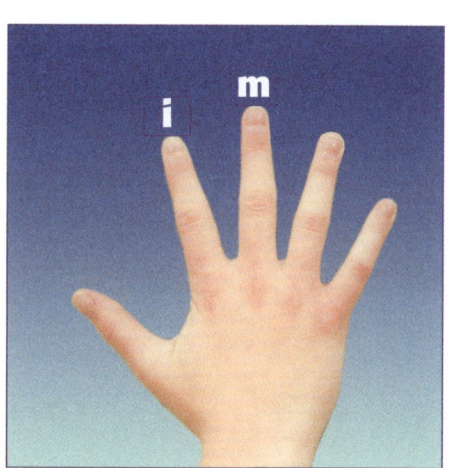

Warm-Up Wechselschlag

6 Schlage die 2. Saite mit dem Zeigefinger und die 1. Saite mit dem Mittelfinger an.

Wechselschlag auf drei Saiten mit gegriffenen Tönen

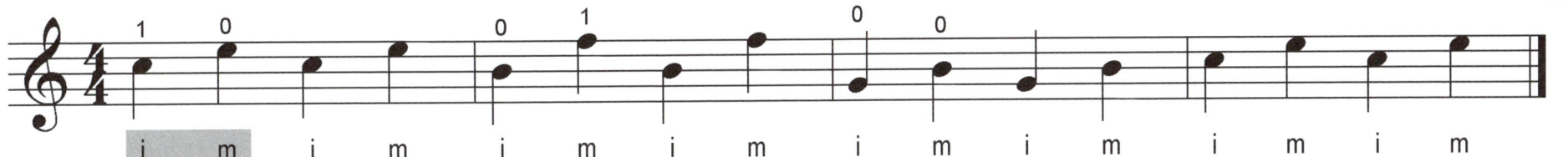

7 Achtung! Jetzt schlagen beide Finger unterschiedliche Saiten an.

Yankee Doodle

Amerikanischer Folksong / Dt. Text: Norbert Roschauer

8

Spiele diese kleine Melodie mit Wechselschlag. *Zeigefinger* und *Mittelfinger* zupfen abwechselnd, auch nacheinander auf einer Saite an.

Singe: Mit den Fing-ern spiel ich gern, brau-che kei-nen Dau-men.
englisch: Yan-kee Dood-le went to town rid-ing on a po-ny,

Wech-sel-schlag der macht mich fix und al-le wer-den stau-nen.
stuck a fea-ther in his cap and called it ma-ca-ro-ni.

Ursprünglich war Yankee Doodle ein Spottlied. Heute ist es die offizielle Hymne von Connecticut, einem der 50 Bundesstaaten der USA.

13

Daumen und Finger zupfen

Zupfmuster 1

Wir lernen neue Möglichkeiten, wie man Lieder begleiten kann. Zupfe jetzt mit *Daumen (p)* und *Zeigefinger (i)* im Wechsel an. Dafür schlägst du mit deinem Zeigefinger die zweite Saite in Richtung der dickeren Saiten an. Greife mit dem Zeigefinger der linken Hand im 1. Bund der h-Saite und mit dem Ringfinger der linken Hand im 3. Bund der A-Saite.

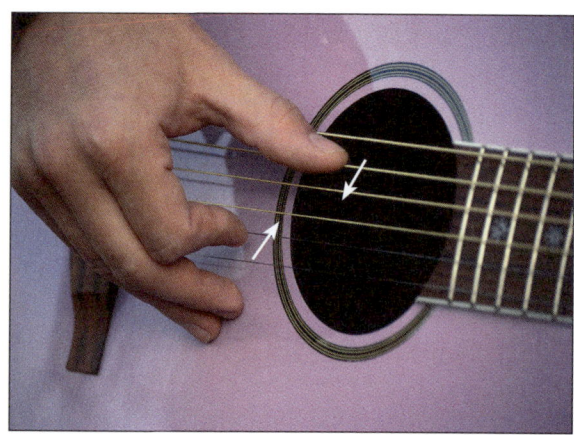

Daumen (p) und Zeigefinger (i)

p = Daumen
i = Zeigefinger

Warm-Up Daumen und Zeigefinger

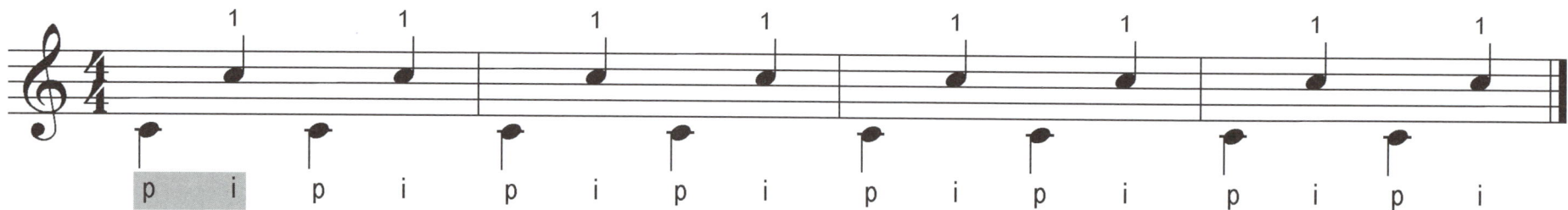

Daumen und Mittelfinger

Schlage jetzt mit *Daumen (p)* und *Mittelfinger (m)* im Wechsel an. Der *Daumen (p)* schlägt wieder den Ton C auf der fünften Saite an, während der Mittelfinger die leere erste Saite zupft.
Hier braucht die linke Hand nur mit dem Ringfinger der linken Hand im 3. Bund zu greifen.

p = Daumen
m = Mittelfinger

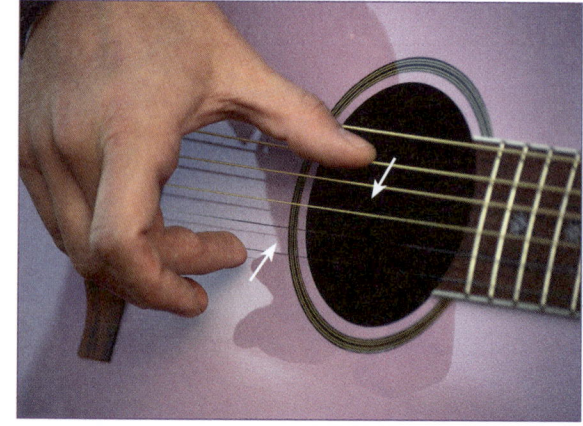

Daumen (p) und Mittelfinger (m)

14

Warm-Up Daumen mit Mittelfinger

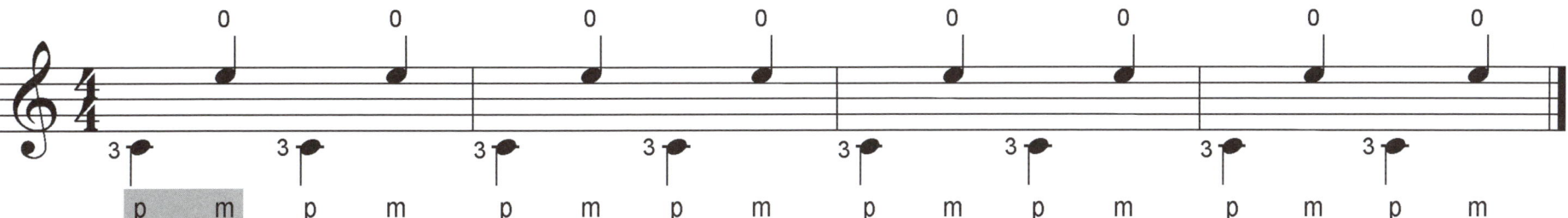

Schlage die 5. Saite mit dem Daumen und die 1. Saite mit dem Mittelfinger an.

Na, schon aufgewärmt?

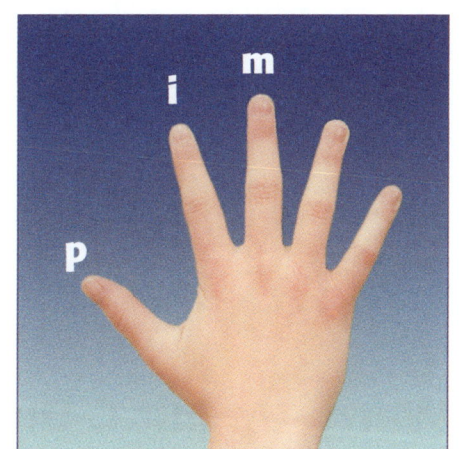

Jetzt fügst du die beiden vorherigen Warm-Ups zu einem zusammen, d. h. der Daumen zupft mit Zeige- und Mittelfinger im Wechsel:

Warm-Up Daumen mit Zeige- und Mittelfinger

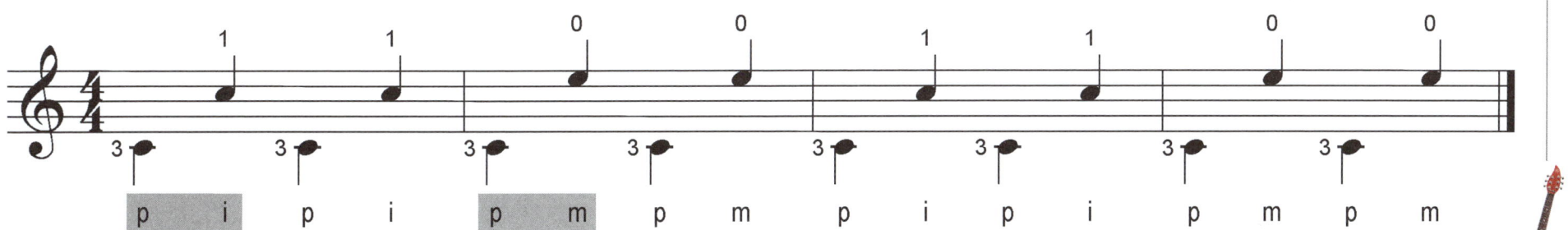

Arpeggios

12 ### Zupfmuster 2

Wir lernen nun ein Zupfmuster im **3/4-Takt**, bei dem die Töne des C-Dur-Akkordes nacheinander angezupft werden. Das nennt man ein *Arpeggio*.

*Regel:
Töne mit Hals nach unten: Daumenanschlag;
Töne mit Hals nach oben: Fingeranschlag.*

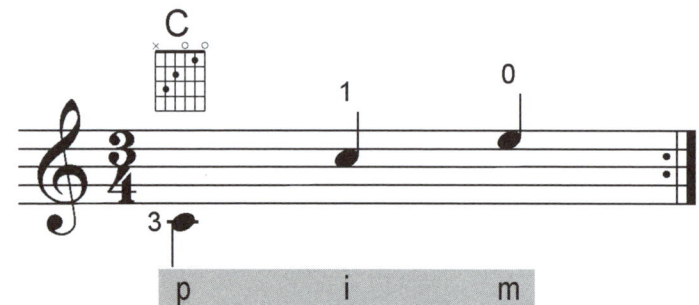

Greife den vollständigen C-Dur-Griff. Du siehst ihn auch im Griffbild über den Noten. Der Daumen zupft die fünfte Saite, danach zupft der Zeigefinger die zweite Saite an und der Mittelfinger die erste Saite.

13 ### Warm-Up mit C-Dur-Arpeggio

Spiele diese Übung ganz langsam und gleichmäßig!

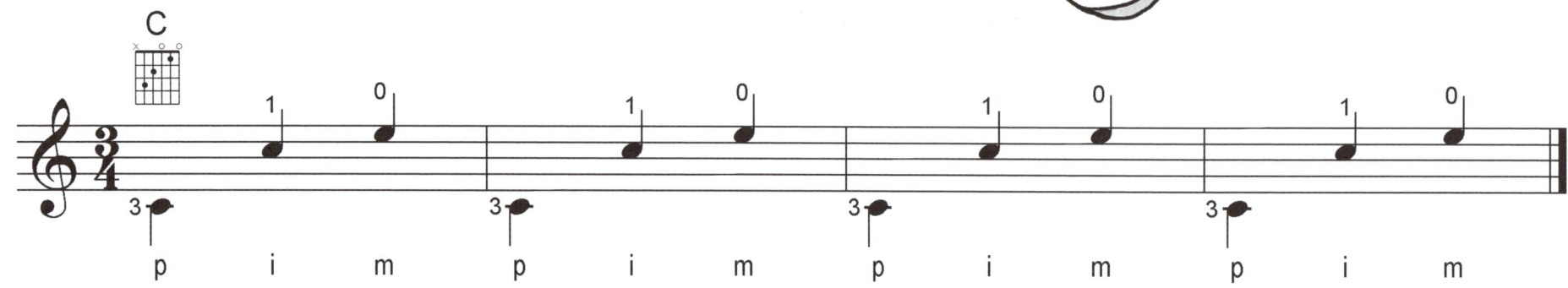

Arpeggio mit dem einfachen G7-Akkord

Du greifst den einfachen G7-Griff. Der Daumen zupft die dritte Saite an, der Zeigefinger die zweite und der Mittelfinger die erste Saite.

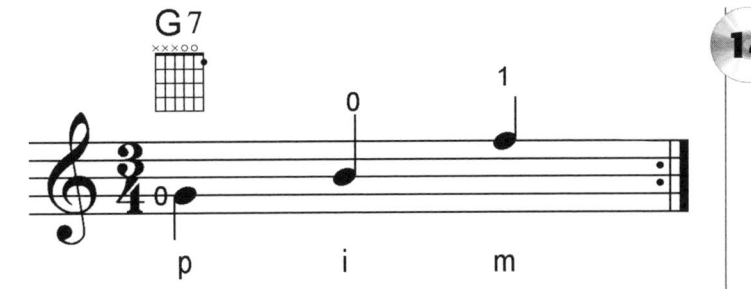

14

Super! Jetzt spielen wir wie auf der Harfe!

Warm-Up mit G7-Arpeggio

15

Spiele auch diese Übung zunächst ganz langsam und gleichmäßig!

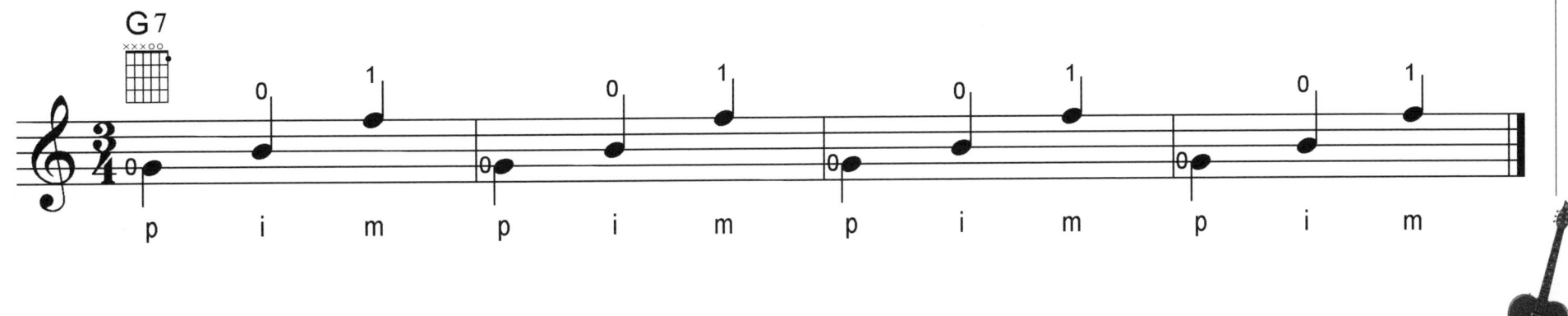

Der Griffwechsel zwischen C und G7

Hier wechselst du in jedem Takt den Akkordgriff. Der Daumen muss die tiefen Saiten ganz genau treffen und der erste Finger (*Zeigefinger*) der linken Hand wechselt zügig von der zweiten auf die erste Saite.

16

17 Es war eine Mutter

Text und Musik: überliefert

Auch dieses Lied kann als Duo gespielt werden. Einer spielt die Melodie, natürlich jetzt mit Wechselschlag, einer die gezupfte Begleitung. Selbstverständlich kannst du auch bei diesem Lied zur CD mitspielen.

*Regel:
Stimmen, die
übereinander
stehen,
werden
zusammen
gleichzeitig
gespielt.*

Es war ei - ne Mut - ter, die hat - te vier Kin - der, den

18

Melodie

Begleitung

G 7

m   i   m   i   m   i

Früh - ling, den   Som - mer, den   Herbst und den

C

m   i   m   i   m

Win - ter.

19

Gleichzeitiger Anschlag

Zupfmuster 3

Jetzt schlägst du mit dem *Daumen* die Basssaite an und zupfst mit *Zeigefinger* und *Mittelfinger* **gleichzeitig** die ersten beiden Saiten an. Dies ist die typische Begleitung für den *Walzertakt*.

18 **Warm-Up mit dem C-Dur-Akkord**

19 **Warm-Up mit dem G7-Akkord**

Regel: Noten, die übereinander stehen, werden gleichzeitig angeschlagen.

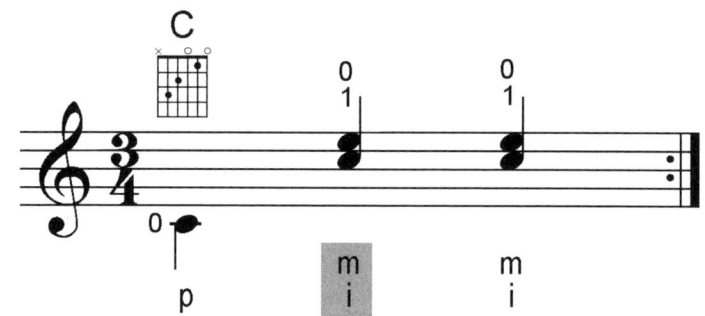

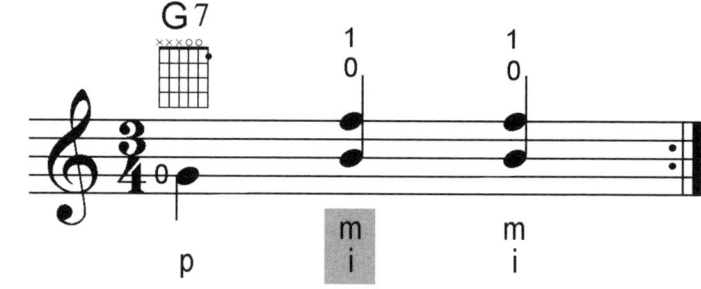

Tipp

Damit sich Daumen und Finger beim Anschlag nicht gegenseitig behindern, ist es wichtig, dass dein Daumen aus Spielersicht links von den Fingern anschlägt (*vgl. Foto*).

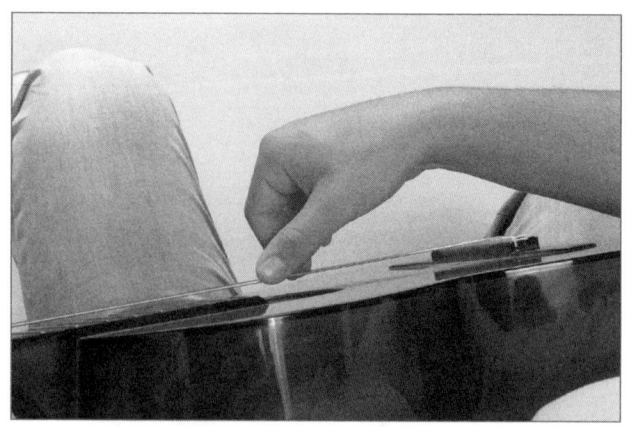

Der Daumen schlägt links von den Fingern an.

Walzertakt mit Griffwechsel C – G7

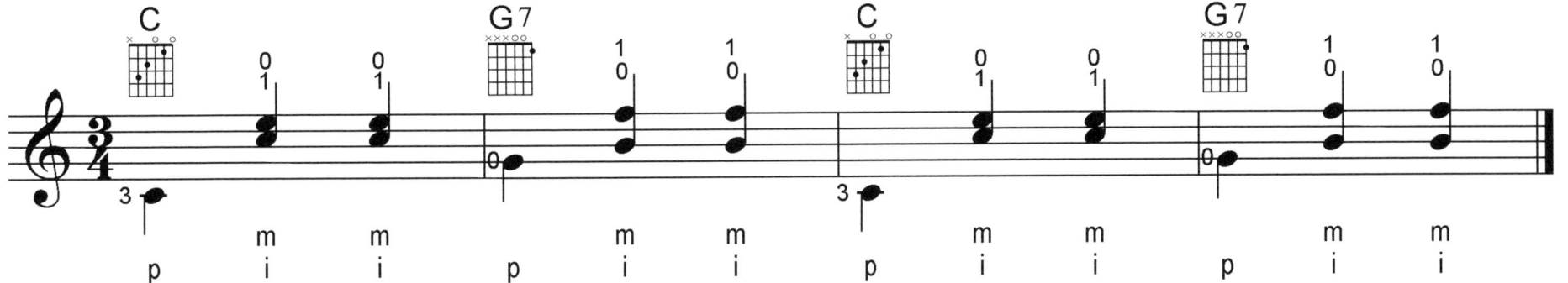

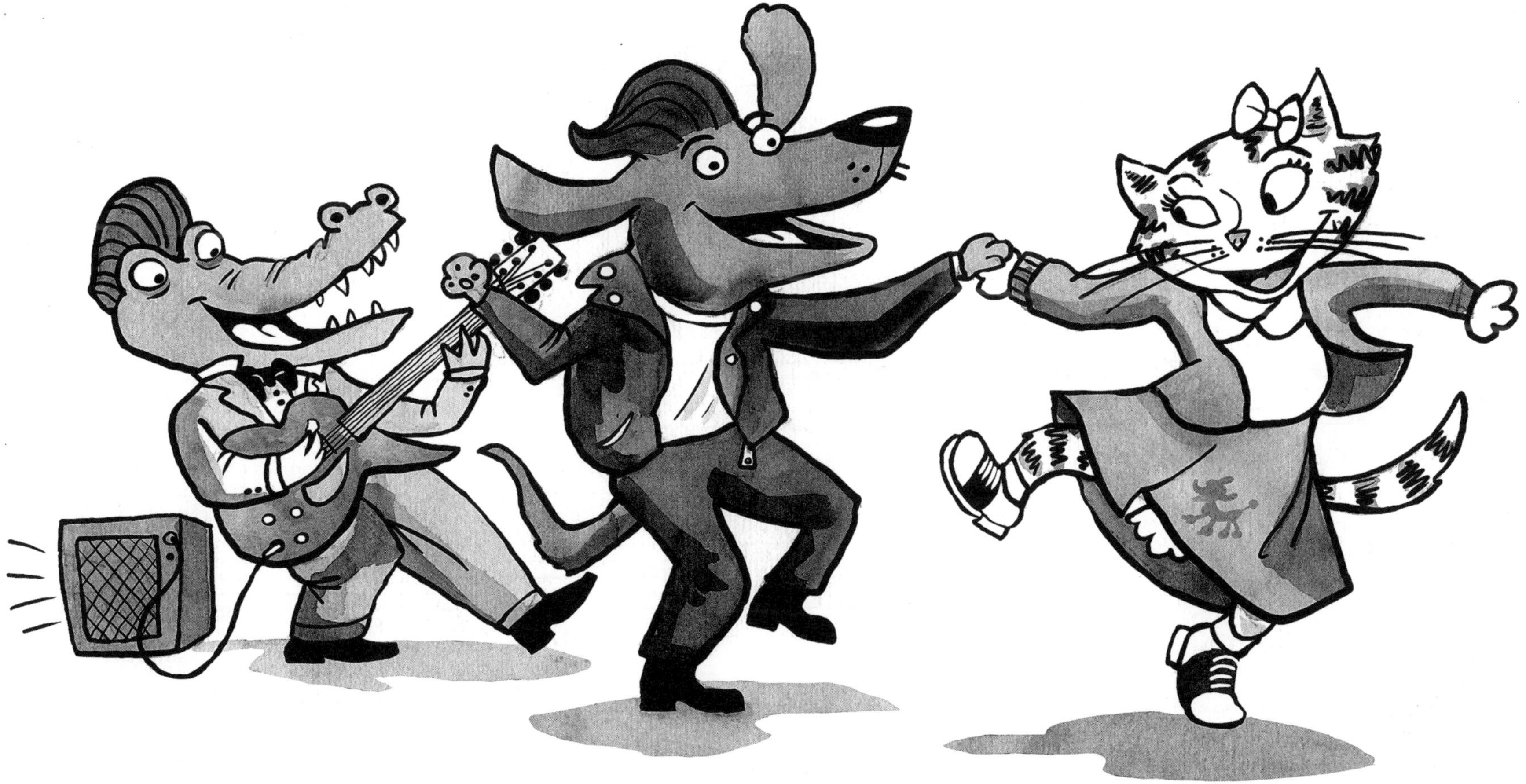

21 # Kommt ein Vogel geflogen

Text und Musik: aus Niederösterreich überliefert

Auch dieses Lied kannst du mit einem Duopartner oder zur CD spielen!

Kommt ein Vo-gel ge-flo-gen, setzt sich nie-der auf mein Fuß, hat ein

Zet - tel im Schna - bel, von der Lieb - sten ei - nen Gruß.

Mein erstes Solostück

Mit den Griffen A-Moll und G7 aus dem ersten Band und dem Zupfmuster 3 kannst du jetzt schon ein kleines Solostück spielen. Achte vor allem auf die Basstöne, die vom *Daumen* angeschlagen werden.

Lederhosenwalzer

Musik: Norbert Roschauer

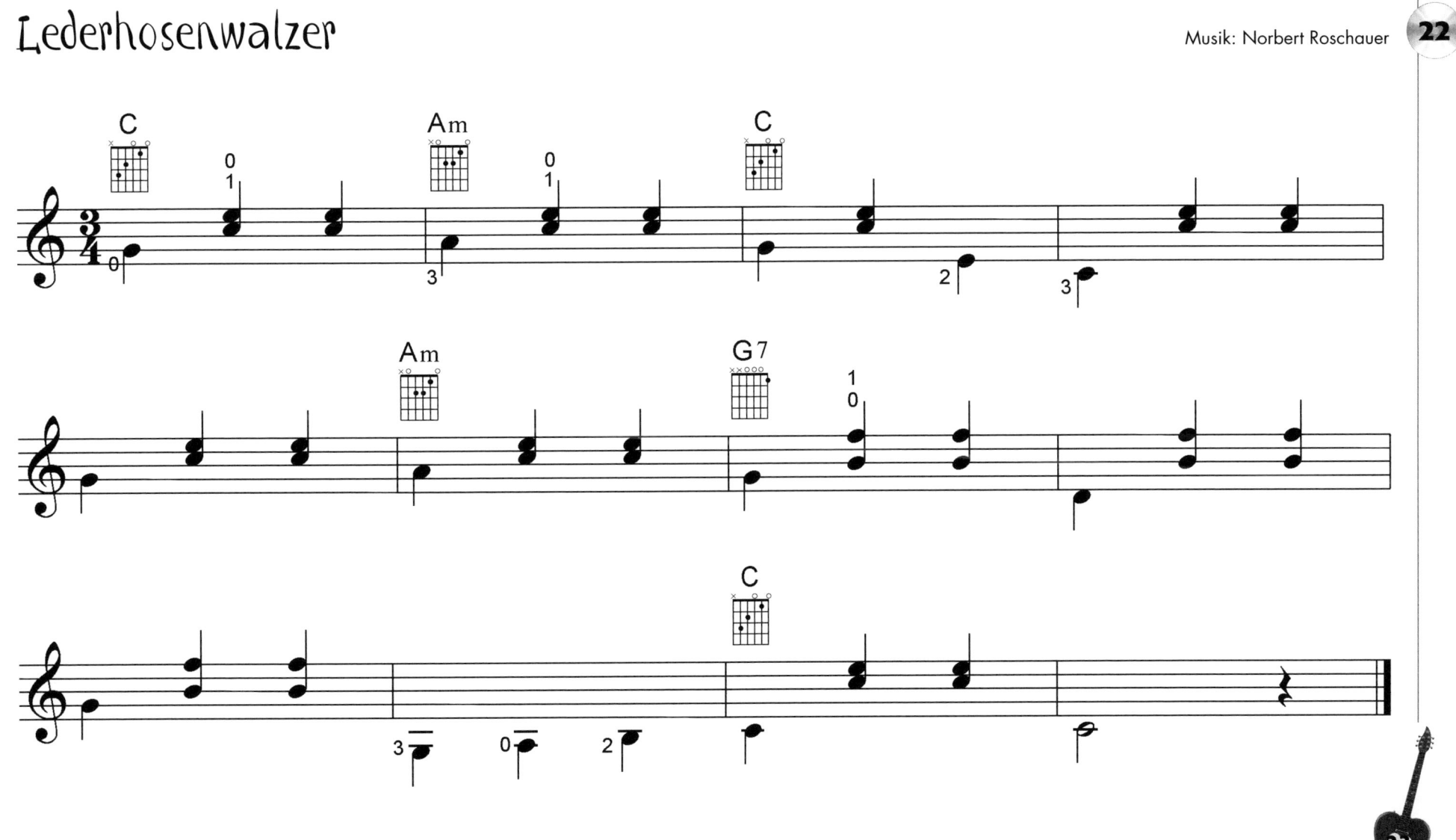

Prima, jetzt kommt PIMA!

Zupfmuster 4

Jetzt kommt dein *Ringfinger (a)* der rechten Hand zum Einsatz! Der *Daumen (p)* zupft die Basssaite, der *Zeigefinger (i)* die dritte Saite, der *Mittelfinger (m)* die zweite Saite und der *Ringfinger (a)* die erste Saite. Alle Finger nacheinander. Zusammen ergibt das: **pima**.

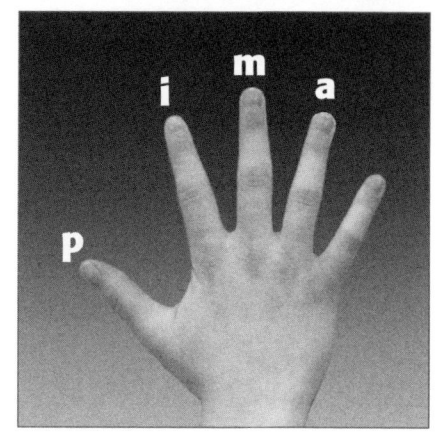

Schlage die Saiten nacheinander als Arpeggio an.

23 ## Warm-Up mit dem C-Dur-Akkord

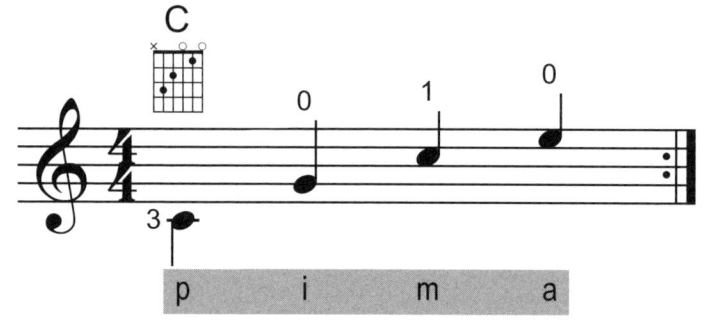

24 ## Warm-Up mit dem G7-Akkord

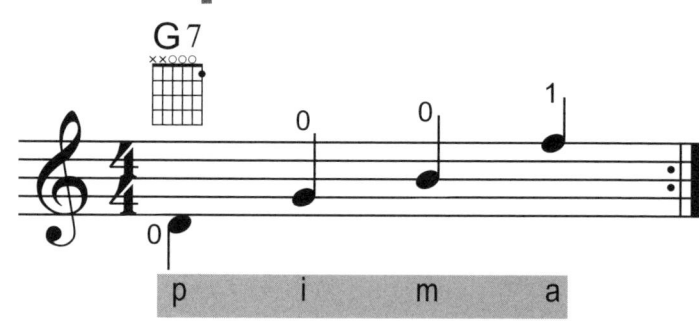

a = Ringfinger

25 ## Warm-Up mit Griffwechsel C – G7

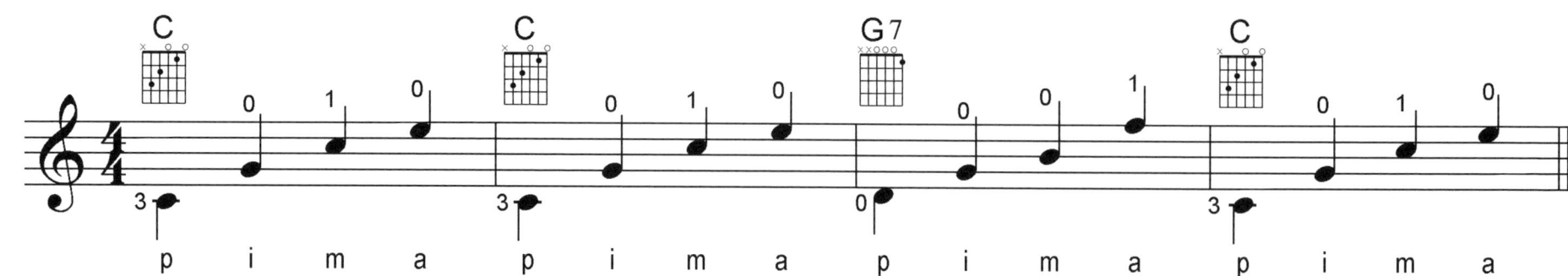

Was müssen das für Bäume sein

Musik und Text: Kinderlied überliefert

Auch dieses Lied kannst du als Solo oder mit einem Duopartner bzw. als Duo zur CD spielen. Übernimm zunächst die Akkordbegleitung, im zweiten Durchgang die Melodie im Wechselschlag. Die Akkordbegleitung verwendet die beiden Warm-Ups mit C-Dur und G7 des Zupfmusters 4. Spiele selbstständig!

Probiere einmal aus, an den passenden Textstellen dieses Lieds bestimmte Bewegungen zu machen, wie z. B. einen Rüssel formen, stampfen, nach links oder rechts zeigen usw.

Zupfmuster 5

Jetzt werden wieder zwei Töne gleichzeitig angeschlagen. Der *Daumen* zupft die Basssaite, der *Zeigefinger* die dritte Saite und *Mittelfinger* und *Ringfinger* zupfen *gleichzeitig* die ersten beiden Saiten an. Anschließend zupft der *Zeigefinger* nochmals die dritte Saite.

27 ## Warm-Up mit dem C-Dur-Akkord

28 ## Warm-Up mit dem G7-Akkord

In diesem Arpeggio schlägst du einmal mit Mittel- und Ringfinger gleichzeitig an.

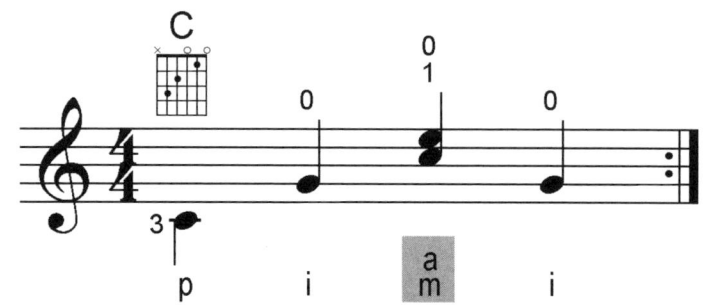

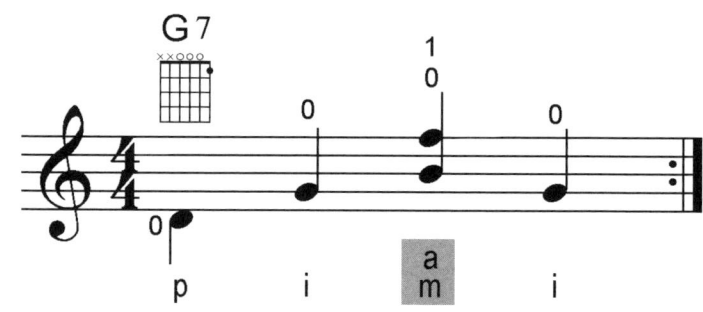

29 ## Übung mit Griffwechsel C – G7

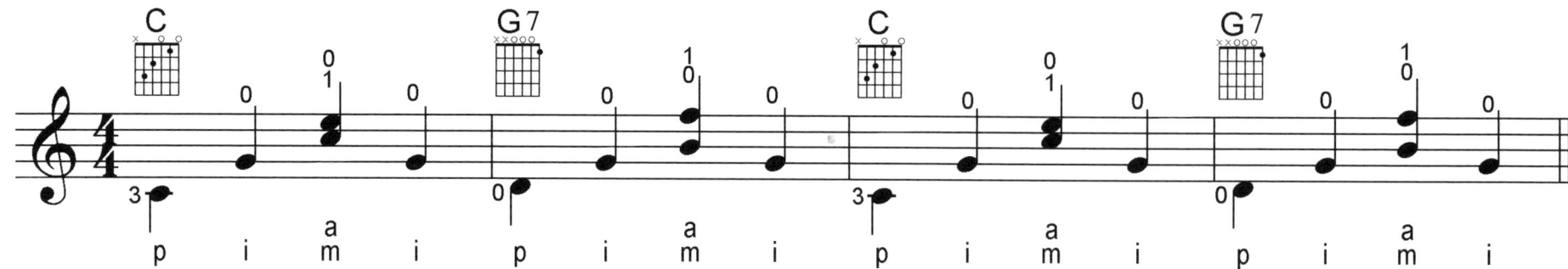

Der Kuckuck und der Esel

Musik: Friedrich Zelter (1758 – 1832) / Text: Hoffmann von Fallersleben (1798 – 1874) **30**

Mit dem soeben gelernten Zupfmuster 5 kannst du dieses Lied begleiten:

Auch dieses Lied kannst du mit einem Duopartner oder zur CD spielen!

Der Kuck – uck und der E – sel, die hat – ten gro – ßen Streit, wer

wohl am bes – ten sän – ge, wer wohl am bes – ten sän – ge, zur

schö – nen Mai – en – zeit, zur schö – nen Mai – en – zeit.

Nun mach mal 'nen Punkt

Die punktierte Halbe Note

Ein Punkt hinter einer Note verlängert diese um die Hälfte ihres Notenwertes. Das ist gar nicht so schwierig zu verstehen, wie es sich anhört und geht folgendermaßen:

Punktierte Halbe

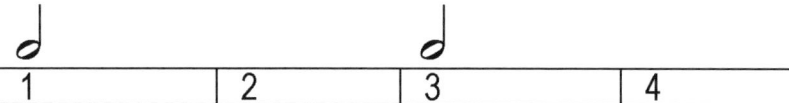

Eine **ganze Note** dauert genau **vier** Schläge.

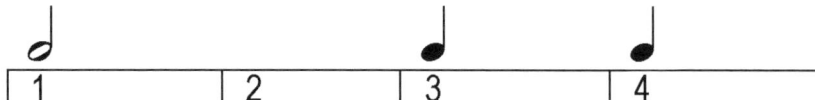

Eine **halbe Note** dauert **zwei** Schläge. Zwei halbe Noten dauern zusammen so lange wie eine ganze Note.

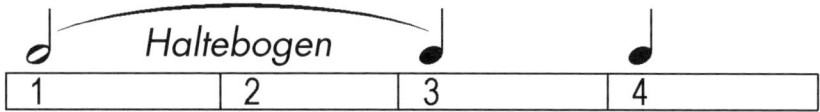

Eine **Viertelnote** dauert genau **einen** Schlag. Zwei Viertelnoten sind so lange wie eine halbe Note. Die Viertel ist also genau halb so lang wie eine halbe Note.

Haltebogen

Ein **Haltebogen** verlängert einen Ton. Verbindet man eine halbe Note mit einer Viertel, dauert der Ton jetzt **drei** Schläge.

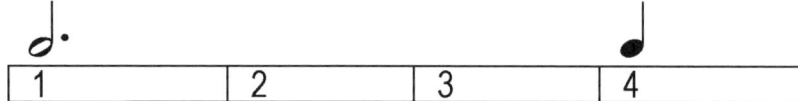

Anstelle des Haltebogens kann man einen **Punkt** hinter der halben Note schreiben. Sie klingt dann **drei** Viertelschläge lang.

28

Zähle in den beiden folgenden Liedern die drei Schläge der punktierten halben Noten laut aus.

Punkt-Rock

Musik: Norbert Roschauer / Text: Tom Pold

31

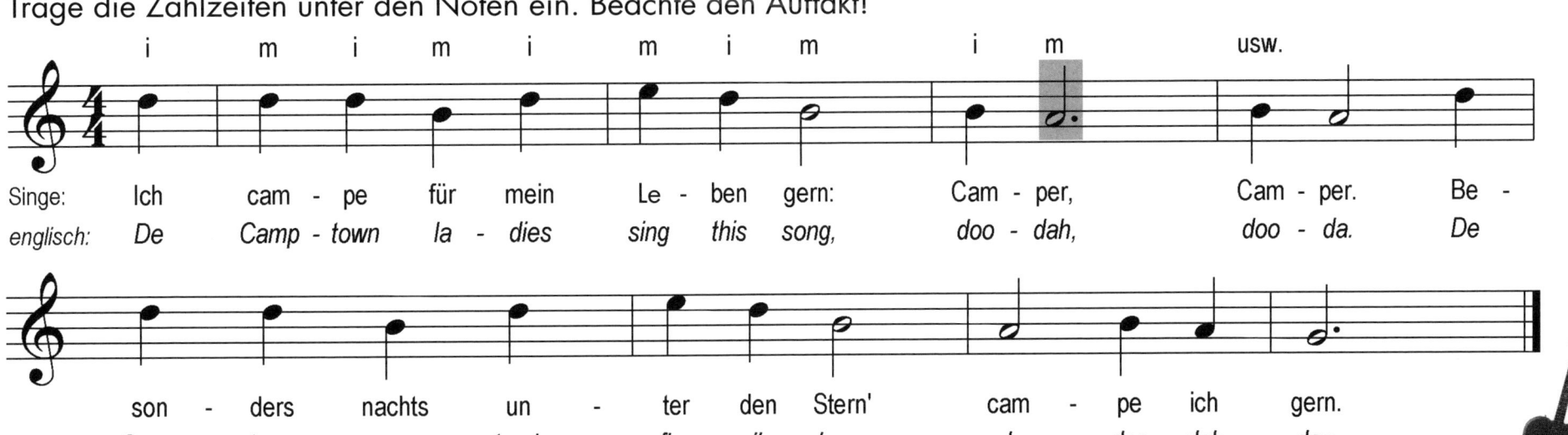

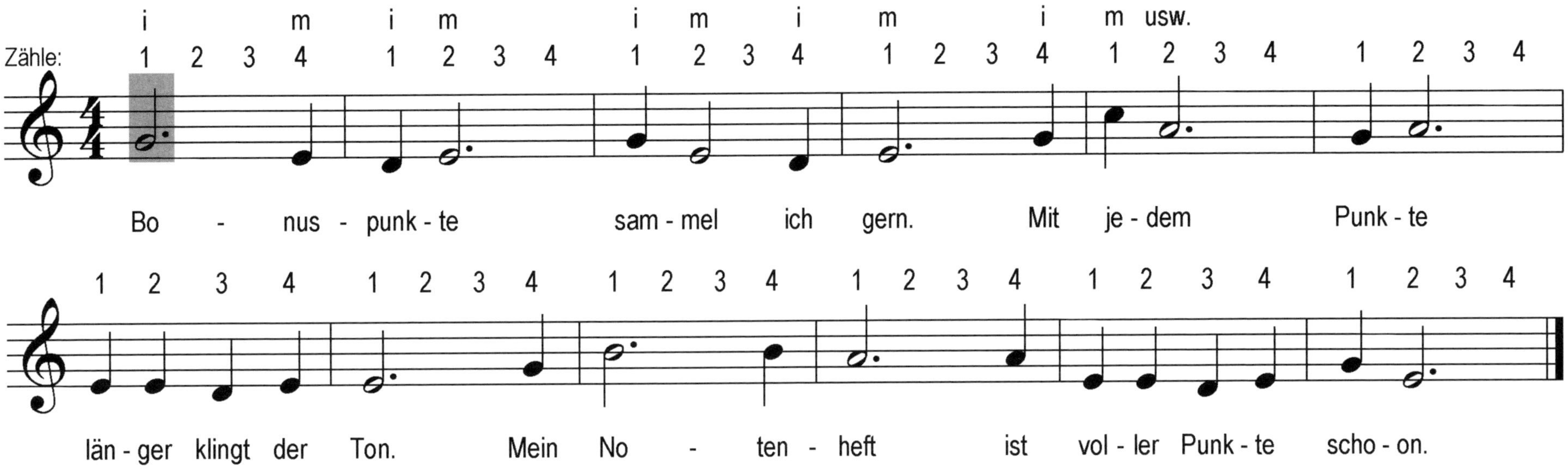
i m i m i m i m i m usw.
Zähle: 1 2 3 4 1 2 3 4 1 2 3 4 1 2 3 4 1 2 3 4 1 2 3 4
Bo - nus - punk - te sam - mel ich gern. Mit je - dem Punk - te
1 2 3 4 1 2 3 4 1 2 3 4 1 2 3 4 1 2 3 4 1 2 3 4
län - ger klingt der Ton. Mein No - ten - heft ist vol - ler Punk - te scho - on.

Camptown Races

Musik und Text: Stephen Foster (1826 – 1864) / Dt. Text: Tom Pold

32

Trage die Zählzeiten unter den Noten ein. Beachte den Auftakt!

i m i m i m i m i m usw.
Singe: Ich cam - pe für mein Le - ben gern: Cam - per, Cam - per. Be -
englisch: De Camp - town la - dies sing this song, doo - dah, doo - da. De
son - ders nachts un - ter den Stern' cam - pe ich gern.
Camp - town race - track five miles long, oh, doo - dah - day.

Camptown Races ist bekannt aus der amerikanischen Zeichentrickserie „Looney Tunes" mit dem Hasen Bugs Bunny.

Notenquiz

Oh! Hier in diesem Notenbeispiel sind die Taktstriche vergessen worden. Setze sie an den richtigen Stellen und schreibe die Zählzeiten unter die Noten.

Die Lösungen findest du im Internet auf www.gitarre-fuer-kinder.de

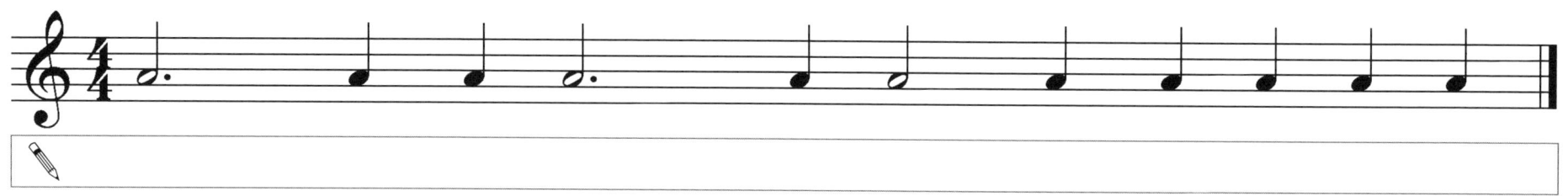

Hier fehlen Punkte hinter manchen halben Noten! Finde sie und ergänze die Punkte!

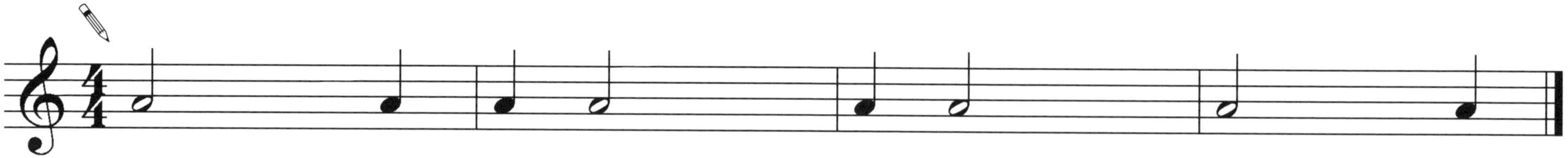

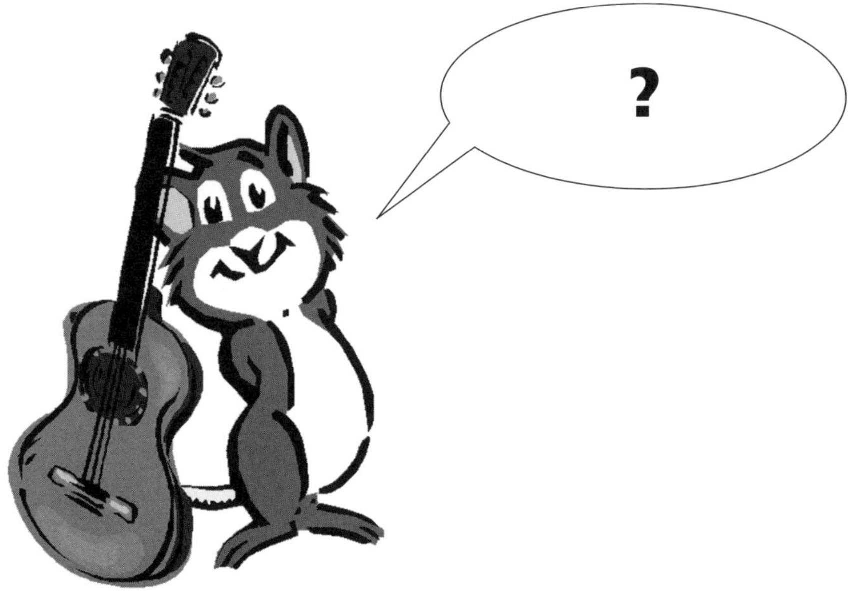

Die nächste Melodie wird in unterschiedlichen Lautstärken gespielt. Du erkennst das an den Buchstaben *f* und *p* unter den Noten.

f = **forte (laut)**
p = **piano (leise)**

Der Frühling

Musik: Antonio Vivaldi (1678 – 1741)
Thema aus den Vier Jahreszeiten

33

Wdh.: *p*

Spiele erst laut, in der Wiederholung leise.

Beginne laut und antworte leise wie ein Echo.

Beginne laut und antworte leise wie ein Echo. Danach spielst du wieder laut.

Die erste Zeile spielst du laut, bei der Wiederholung dagegen leise. In der zweiten und dritten Zeile beginnst du laut, spielst dann leise, damit es sich wie ein Echo anhört. Danach spielst du wieder laut.

31

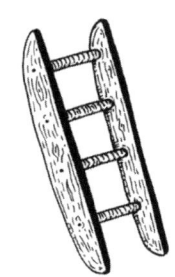

Die C-Dur-Tonleiter

Töne kann man organisieren. Spielt man alle Töne vom tiefen C bis zum hohen C, erhält man die so genannte **C-Dur-Tonleiter** mit den Tönen „c d e f g a h c".

Zwischen „e" und „f" sowie „h" und „c" befinden sich **Halbtonschritte**. Auf der Gitarre ist das genau ein Bund. Zwischen allen anderen Tönen sind **Ganztonschritte**. Auf der Gitarre sind dies immer zwei Bünde.

Eine Tonleiter klettert die Notenlinien rauf oder runter. Sie wird nach dem Ton benannt, mit dem sie beginnt und ist vollständig, wenn sie den nächsten Ton gleichen Namens erreicht hat.

Regel:
Halbtonschritt:
1 Bund Abstand
Ganztonschritt:
2 Bünde
Abstand

34

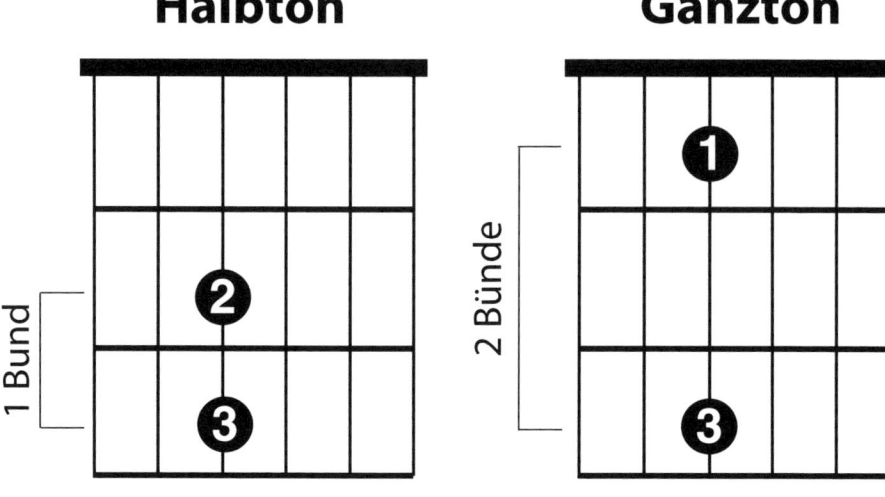

Halbton

Ganzton

1 Bund

2 Bünde

Trage den Notennamen über jeder Note ein, spiele und lerne die Tonleiter auswendig.

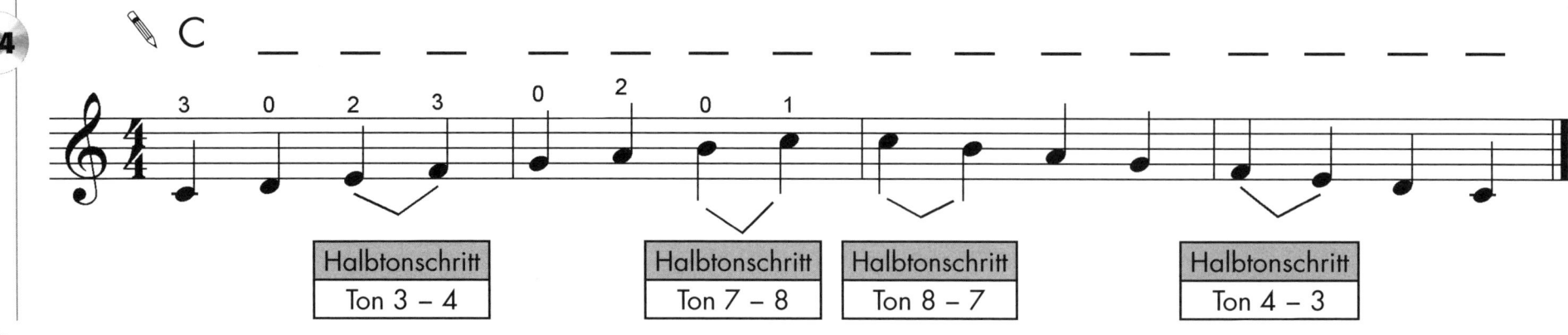

C — — — — — — —

Die Wiederholungsklammer

Das folgende Lied verwendet alle Töne der C-Dur-Tonleiter. In der zweiten Zeile siehst du ein wichtiges Zeichen, die so genannte *Wiederholungsklammer*.

1. Beim ersten Mal spielst du die Töne in der ersten Klammer.

2. Bei der Wiederholung spielst du die Töne der zweiten Klammer. Überspringe die 1. Klammer.

Herr Pastor sin Kauh

Niederdeutscher Rundgesang (überliefert) **35**

Spiele dieses Spottlied aus Norddeutschland im Wechselschlag mit Zeige- und Mittelfinger und beachte die lauten und leisen Abschnitte.

Kennt ji all dat ni - je Leid, ni - je Leid, ni - je Leid,

wat de gan - ze Stadt all wiet von Herrn Pas - torn sin Kauh? Ja,

sing man tau, sing man tau, von Herrn Pas - torn sin Kauh, jau, jau, Kauh.

Wdh.: *p*

Erfinde deine eigenen Melodien

Mit den Tönen der C-Dur-Tonleiter kann man auch komponieren. Das ist gar nicht so schwer. Mit Singen fällt das am leichtesten. Du kannst auch deinen eigenen Text dazu dichten. Schreibe einfach in jeder Zeile die Melodie weiter! Verwende am besten halbe Noten und Viertelnoten. Wenn du darauf achtest, dass in jedem Takt zusammengerechnet vier Viertel sind, kannst du gar nichts falsch machen.

Setze den Melodieanfang fort. Trage DEINE EIGENE MELODIE ein.

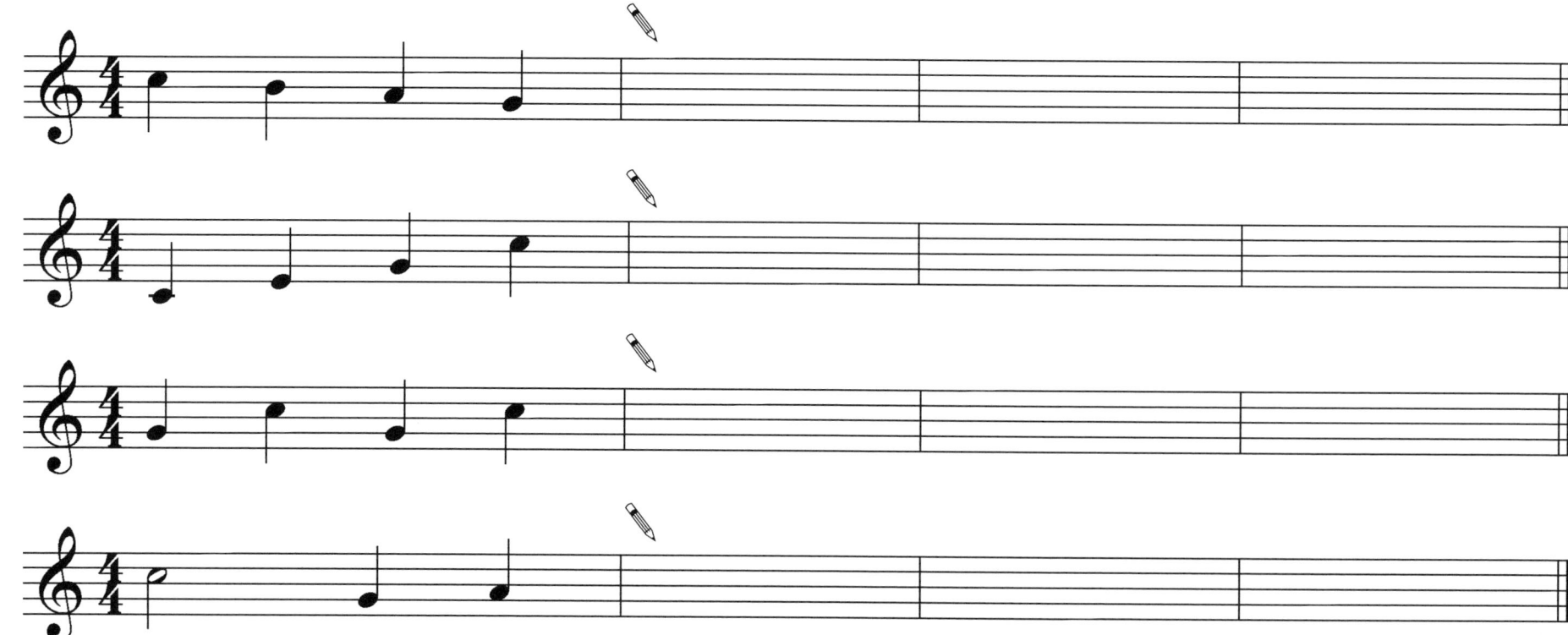

Das Kreuzvorzeichen

Das Kreuzvorzeichen **erhöht** alle Töne dieses Namens um einen **Halbton** (einen Bund höher). Der neue Ton erhält die Endsilbe „–is". Das Kreuzvorzeichen besteht aus zwei senkrechten Strichen und zwei schrägen Balken. Diese Balken umschließen die Notenlinie oder den Zwischenraum der Note, die erhöht werden soll.

Das Kreuz

erhöht einen Ton um einen Halbton (1 Bund höher)

Das mittlere „fis"

Steht vor dem Ton „f" ein Kreuzvorzeichen, wird das „f" um einen Halbton erhöht. Dem Ton „f" wird die Endsilbe „-is" angehängt. Aus „f" wird damit „fis".
Ein Halbton höher bedeutet einen Bund in Richtung Schallloch.
Das „fis" wird also im vierten Bund der vierten Saite gegriffen.
Dazu verwenden wir jetzt den *kleinen Finger* der linken Hand.

Spiele das Warm-Up mit „fis". Beachte, dass ein Vorzeichen bis zum Taktende gilt. Soll der Ton auch im nächsten Takt erhöht werden, wird das Vorzeichen erneut vor die Note gestellt.

Greife das „fis" mit dem *kleinen Finger*.

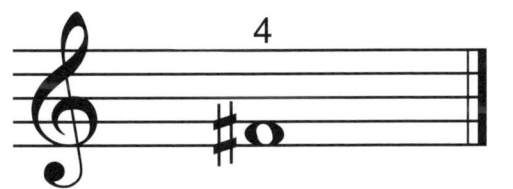

Fis

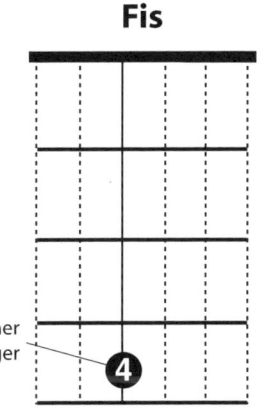

kleiner Finger — ④

Warm-Up mit „fis"

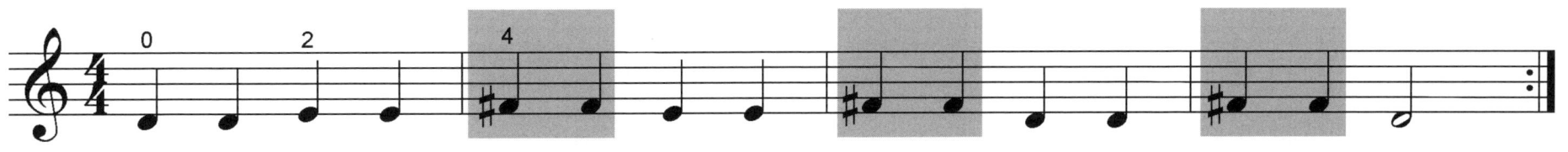

36

*Regel:
Das Vorzeichen gilt bis zum Taktende.*

37 I Like the Flowers

Amerikanischer Folksong / Text: Tom Pold

Regel:
Halbtonschritt:
1 Bund
Abstand
Ganztonschritt:
2 Bünde
Abstand

Singe: Ich lie - be Blu - men. Ich lie - be die Na - tur. Ich mag die Ber - ge.

englisch: I like the flow - ers, I like the daf - fo - dils, I like the moun - tains,

Ich mag das wei - te Meer. Am La - ger - feu - er fühl' ich mich pu - del - wohl.

I like the rol - ling hills, I like the fi - re - place when the light is low.

Die G-Dur-Tonleiter

Bei allen Dur-Tonleitern liegen die Halbtonschritte zwischen dem **3. und 4. Ton** und zwischen dem **7. und 8. Ton**. Für die G-Dur-Tonleiter bedeutet das, dass der 7. Ton zum „fis" erhöht werden muss. Spielt man jetzt alle Töne vom tiefen „g" bis zum mittleren „g", erhält man die **G-Dur-Tonleiter**.

Trage den Notennamen über jeder Note ein, spiele und lerne die Tonleiter auswendig.

38

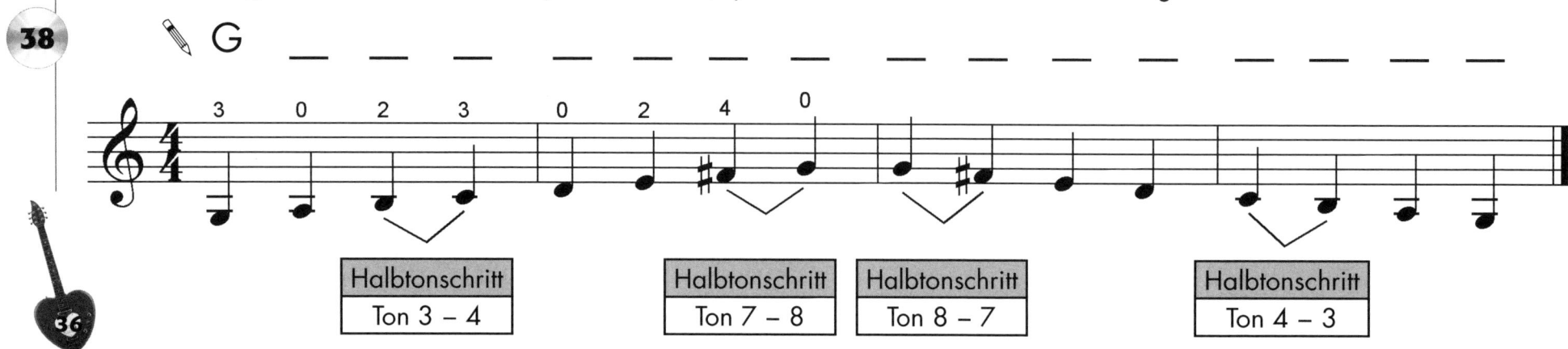

Halbtonschritt	Halbtonschritt	Halbtonschritt	Halbtonschritt
Ton 3 – 4	Ton 7 – 8	Ton 8 – 7	Ton 4 – 3

Der vollständige E-Moll-Akkord

Em

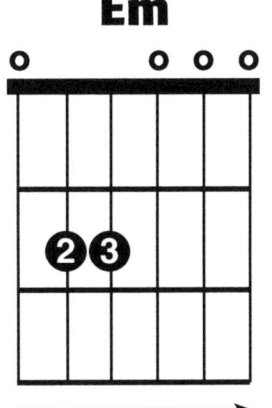

Für den vollständigen E-Moll-Akkord benötigst du zwei Finger der linken Hand. Der *Mittelfinger* ❷ greift im zweiten Bund der fünften Saite und der *Ringfinger* ❸ im zweiten Bund der vierten Saite. Mit dem *Daumen* der rechten Hand kannst du jetzt über alle sechs Saiten streichen.

Schrum über alle sechs Saiten

❷ = *Mittelfinger*
❸ = *Ringfinger*

Voll der E-Moll-Akkord!

Schrum mit Em

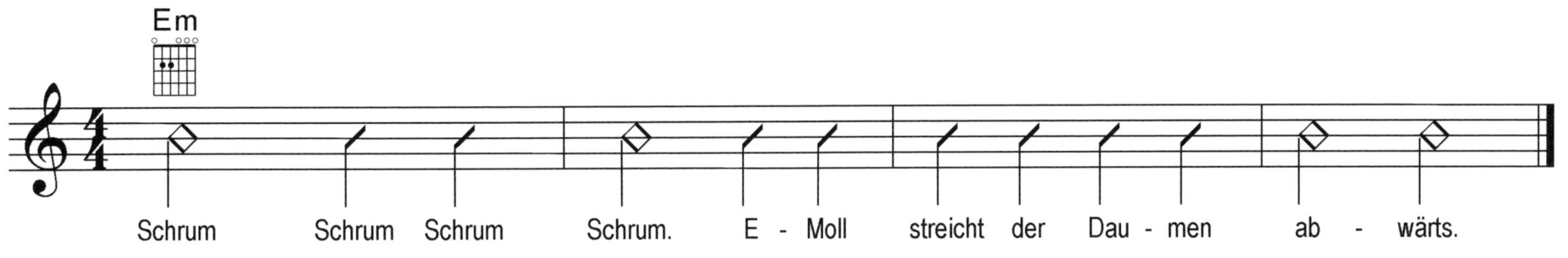

Schrum   Schrum Schrum   Schrum.   E - Moll   streicht der   Dau - men   ab - wärts.

Auf- und Abschlag

Bisher hast du die Akkordanschläge („Schrum") immer mit dem *Daumen* gemacht. Jetzt lernst du, wie man den *Zeigefinger* zum Begleiten von Liedern verwenden kann.

Achtelrhythmus

Auf den Zählzeiten machst du mit dem *Zeige-finger* einen Abschlag (Schrum) in Richtung der dünnen Saiten, wie du es bisher vom Daumen gewohnt warst. Auf „und" zwischen den Zähl-zeiten fügst du nun mit dem Zeigefinger einen zusätzlichen *Aufschlag* von den dünnen zu den dicken Saiten. Der Finger bewegt sich in Pfeil-richtung, ähnlich wie beim Anschlag einzelner Saiten beim Wechselschlag.

Abschlag

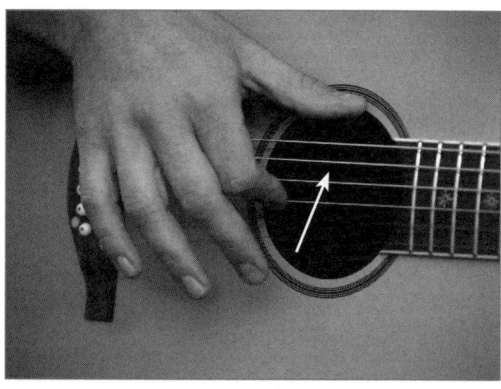

Aufschlag

40 Warm-Up Achtelrhythmus

Sprich den Text laut mit!

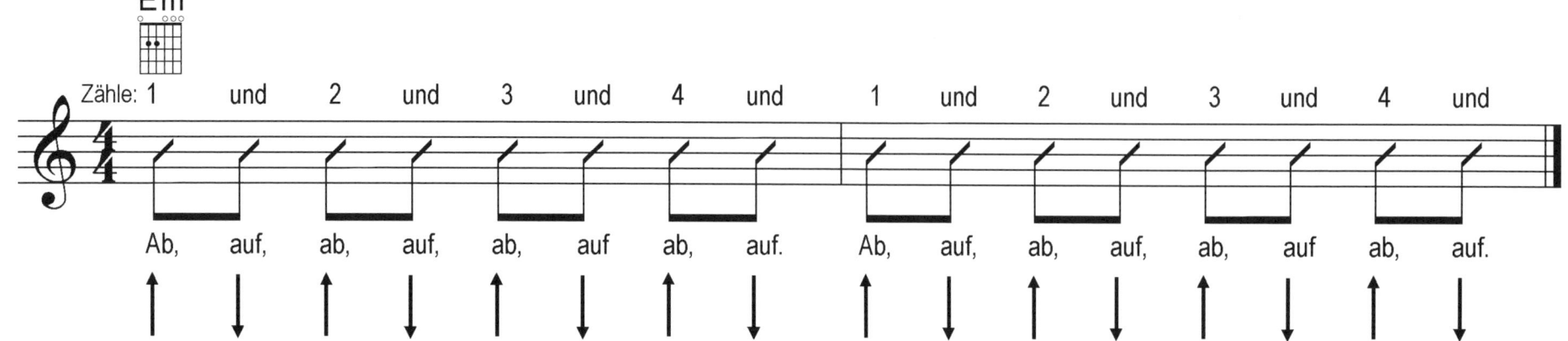

Übung 1

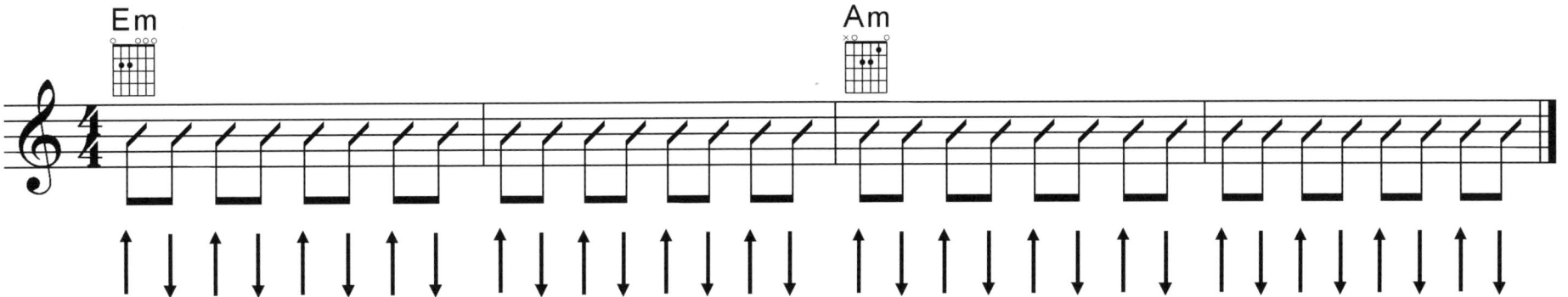

Die Akkorde für die nächste Übung kennst du alle schon aus dem ersten Band.

Übung 2

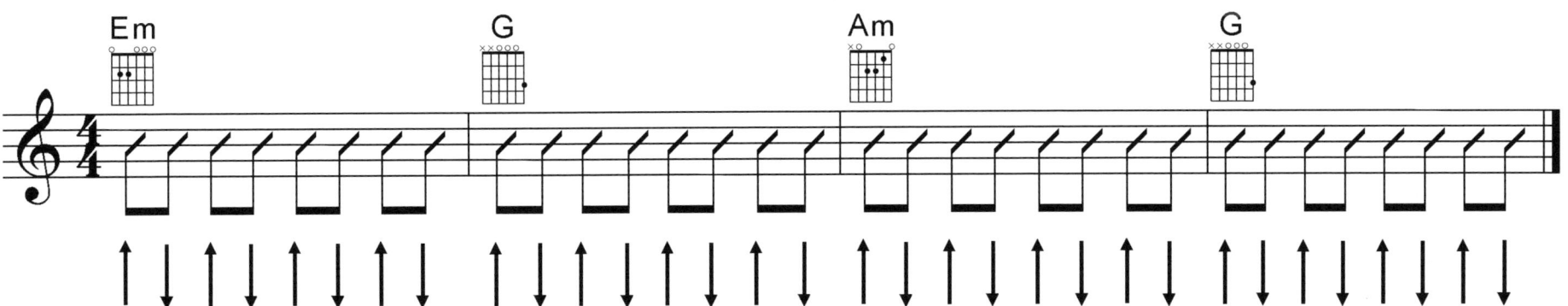

Ein neuer Rhythmus

Viertel und Achtel abwechselnd

Jetzt spielst du eine Viertel und zwei Achtel im Wechsel. Du machst also jeweils Abschläge auf den Zählzeiten „1", „2", „3" und „4" und fügst auf „2 und" und „4 und" je einen Aufschlag hinzu. Am besten klappt das, wenn du den Zeigefinger deiner rechten Hand wie beim durchgängigen Achtelrhythmus weiterhin auf und ab bewegst, du allerdings nur bei jedem zweiten Aufschlag die Saiten anschlägst. Probiere das mit dem Em-Akkord.

43

Sprich den Text laut mit!

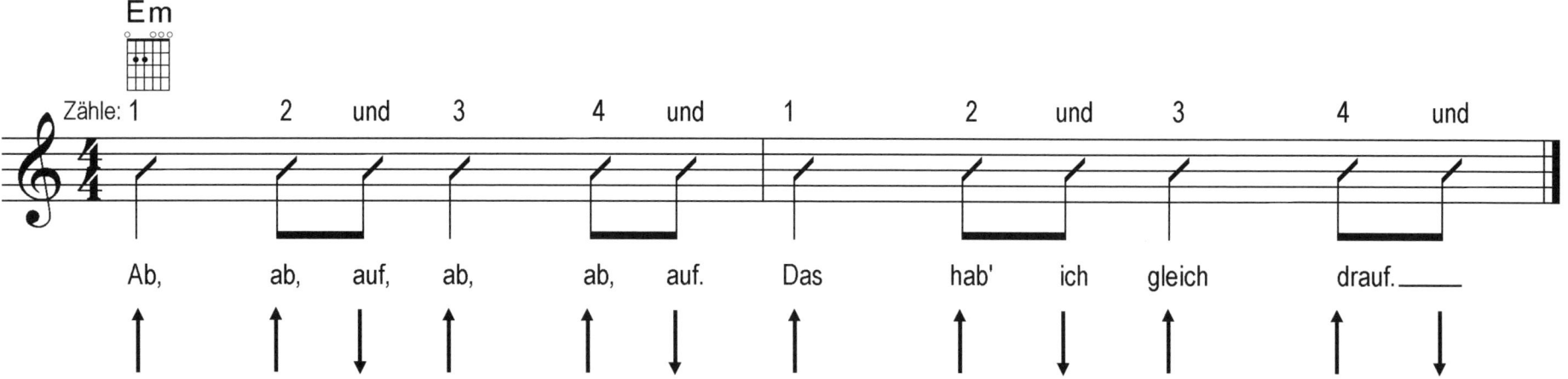

Für das nächste bekannte Lied benötigst du diesen Rhythmus mit dem Am- und dem Em-Akkord.

44 ## Anschlagmuster Am

45 ## Anschlagmuster Em

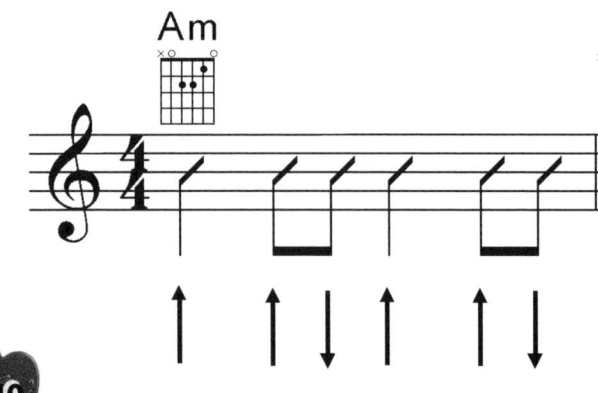

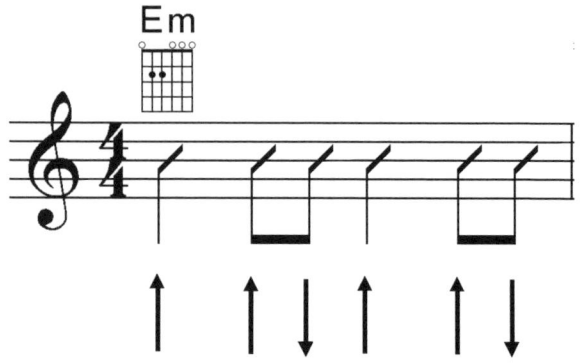

In diesem Lied wechselst du zwischen Am und Em schon jeweils nach einem halben Takt!

He Ho

Musik und Text: mündlich überliefert **46**

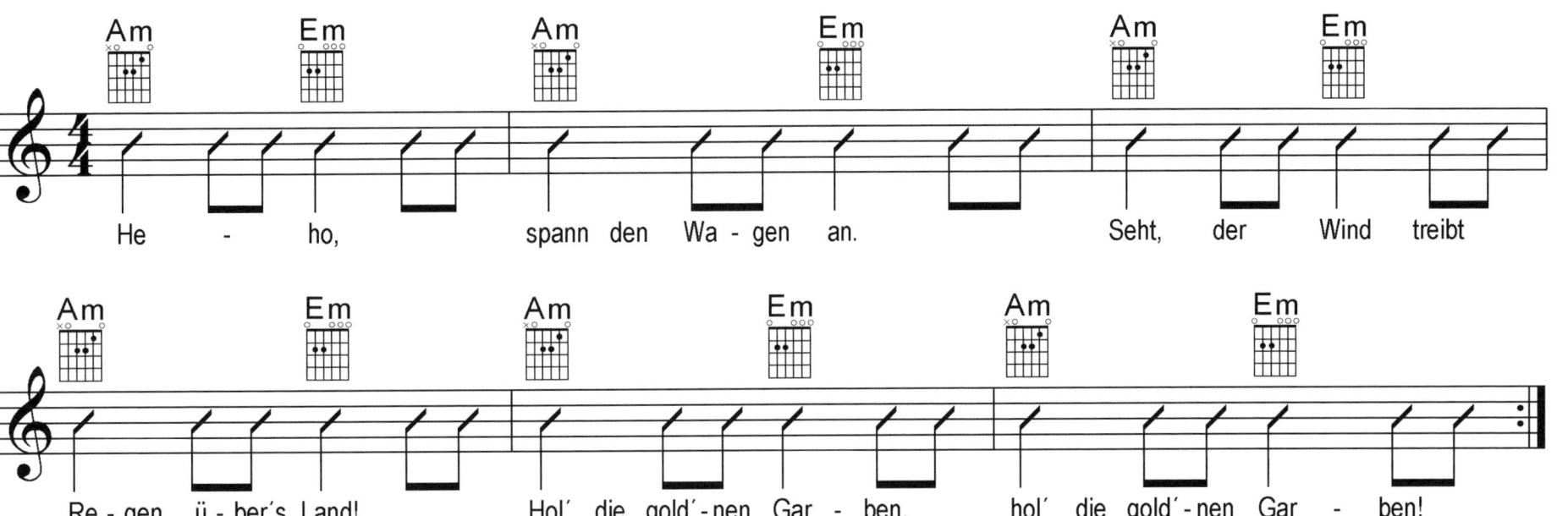

He - ho, spann den Wa - gen an. Seht, der Wind treibt

Re - gen ü - ber's Land! Hol' die gold'-nen Gar - ben, hol' die gold'-nen Gar - ben!

Auf der CD hörst du Akkord-begleitung und Melodie. Spiele erst die Akkorde. Versuche dann die Melodie nach dem Gehör zu spielen.

Übe jetzt den Viertel – Achtelrhythmus mit drei Akkorden.

Übung 3

47

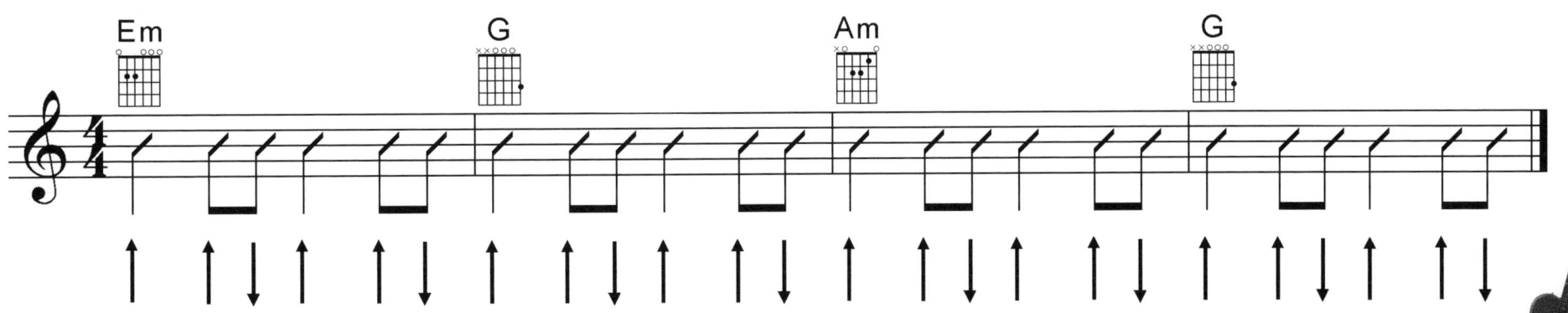

Der vollständige G-Dur-Akkord

Für den vollständigen G-Dur-Akkord benötigst du drei Finger der linken Hand, die du über die gesamte Griffbrettbreite spreizen musst. Der *Zeigefinger* ❶ greift im zweiten Bund der fünften Saite, der *Mittelfinger* ❷ im dritten Bund der sechsten Saite und der *Ringfinger* ❸ im dritten Bund der ersten Saite.

Mit dem *Daumen* oder dem *Zeigefinger* der rechten Hand kannst du jetzt über alle sechs Saiten streichen.

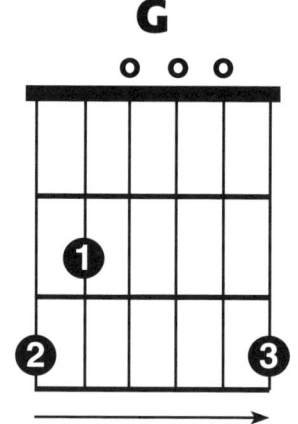

G

Schrum über alle sechs Saiten

❶ = Zeigefinger
❷ = Mittelfinger
❸ = Ringfinger

Tipp

Sollte dir der G-Dur-Griff noch schwer fallen, kannst du in den folgenden Übungen und Liedern weiterhin den einfachen G-Dur-Griff aus dem ersten Band verwenden! Übe aber immer wieder regelmäßig den vollständigen G-Griff, ohne deine Hand zu überanstrengen.

Voll der G-Dur-Akkord!

48 Schrum mit G

Spiele nur Abschläge!

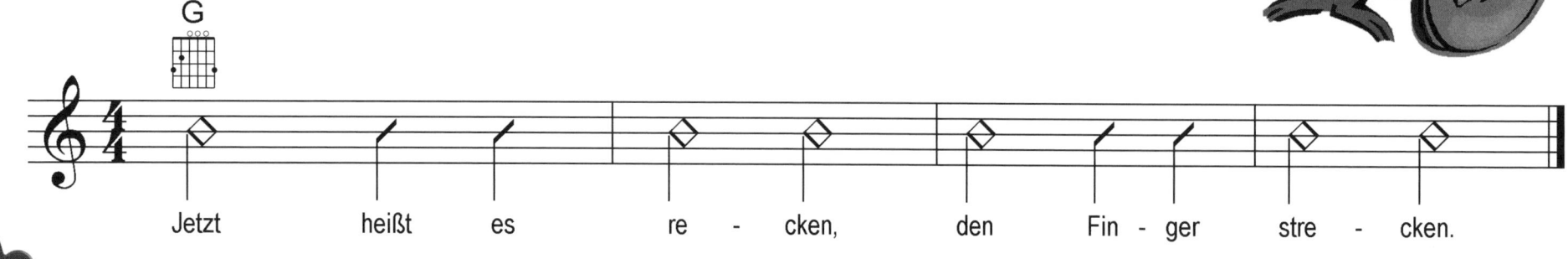

Jetzt heißt es re - cken, den Fin - ger stre - cken.

Warm-Up mit dem vollständigen G-Dur-Akkord

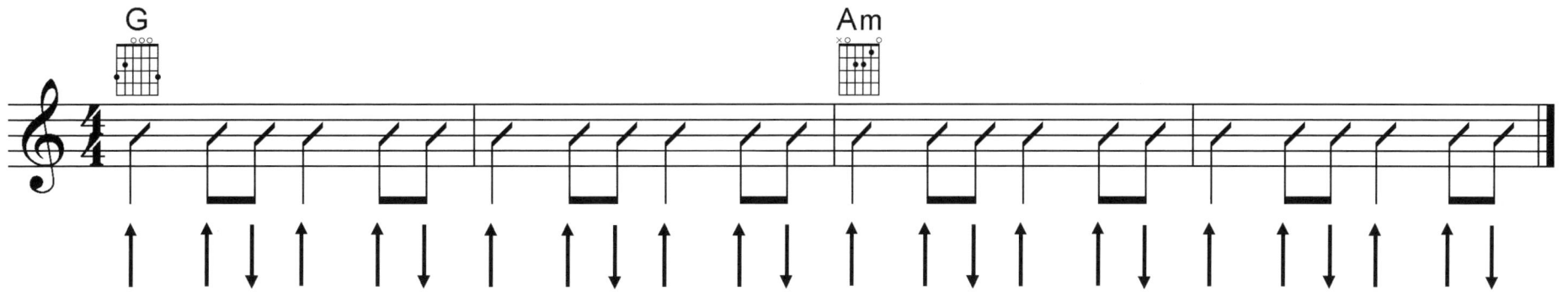

49

Skip To My Lou

50

Amerikanisches Kinderlied / Dt. Text: Norbert Roschauer

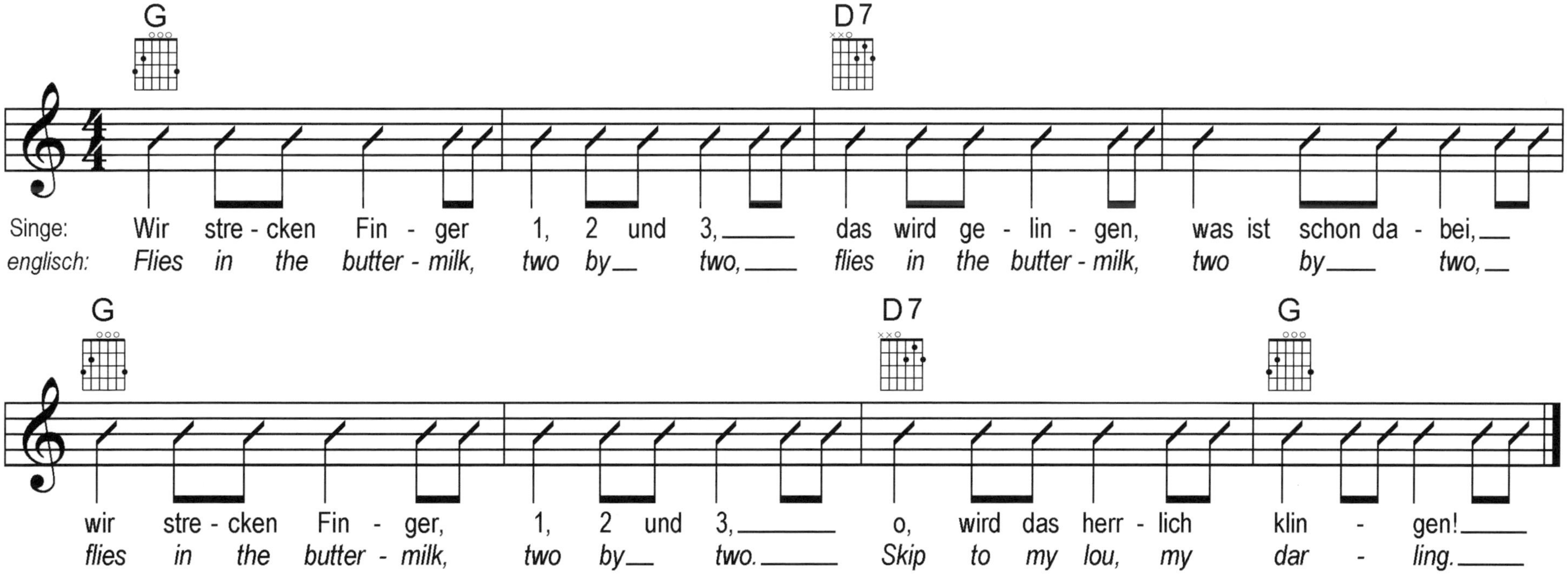

Singe: Wir   stre - cken   Fin - ger   1,   2   und   3,_____   das   wird   ge - lin - gen,   was   ist   schon da - bei,_____

englisch: *Flies   in   the   butter - milk,   two   by___   two,_____   flies   in   the   butter - milk,   two   by___   two,_____*

wir   stre - cken   Fin - ger,   1,   2   und   3,_____   o,   wird   das   herr - lich   klin - gen!

flies   in   the   butter - milk,   two   by___   two. _____   Skip   to   my   lou,   my   dar - ling._____

Auf der CD hörst du Akkord-begleitung und Melodie. Spiele erst die Akkorde. Versuche dann die Melodie nach dem Gehör zu spielen.

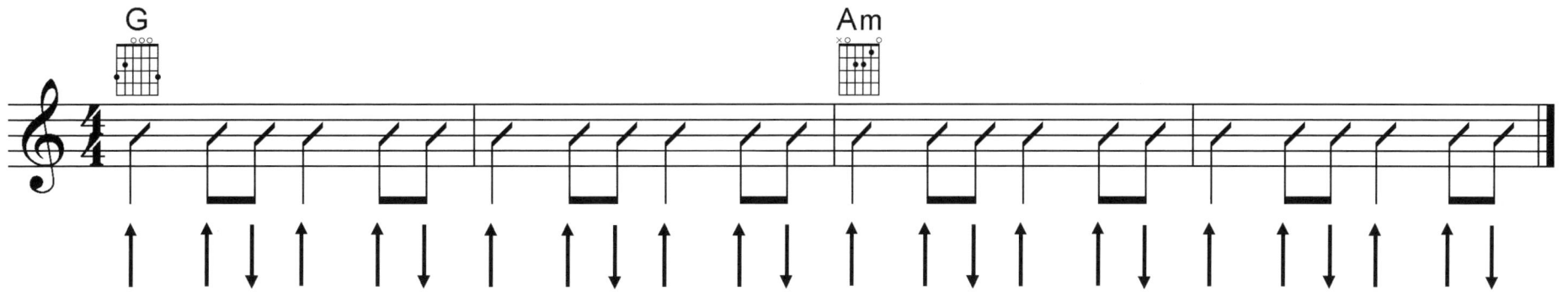

Begleite diesen Song aus dem ersten Band mit dem Viertel – Achtelrhythmus:

The Drunken Sailor

51

Shanty aus den USA / Dt. Text: Tom Pold

Spiele „The Drunken Sailor" als Duo mit einem Duopartner oder zur CD!

Am   **G**

Was ist nur los mit dem Trun - ken - bol - de? Was ist nur los mit dem Trun - ken - bol - de?

Am   **Em**   **G**   **Am**

Was ist nur los mit dem Trun - ken - bol - de schon am frü - hen Mor - gen?

Am   **G**

Hin und her so schwankt er, hin und her so schwankt er,

Am   **Em**   **G**   **Am**

hin und her so schwankt er schon am frü - hen Mor - gen.

Der vollständige D-Dur-Akkord

Für den D-Dur-Akkord benötigst du drei Finger der linken Hand:

Der *Zeigefinger* ❶ greift im zweiten Bund der dritten Saite,
der *Mittelfinger* ❷ im zweiten Bund der ersten Saite und
der *Ringfinger* ❸ im dritten Bund der zweiten Saite.

Mit dem *Daumen* oder dem *Zeigefinger* der rechten Hand kannst du
jetzt über vier Saiten streichen.

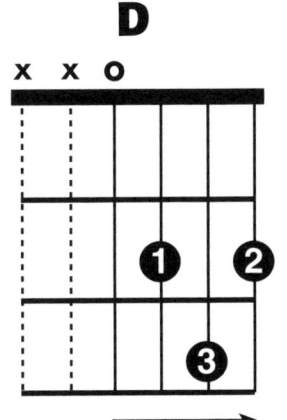

Schrum über vier Saiten
❶ = *Zeigefinger*
❷ = *Mittelfinger*
❸ = *Ringfinger*

Schrum mit D

52

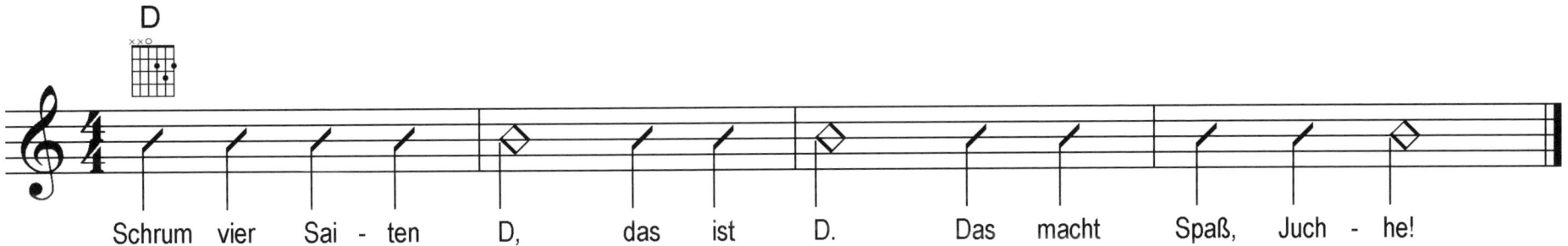

Schrum vier Sai - ten D, das ist D. Das macht Spaß, Juch - he!

Übung 1

53

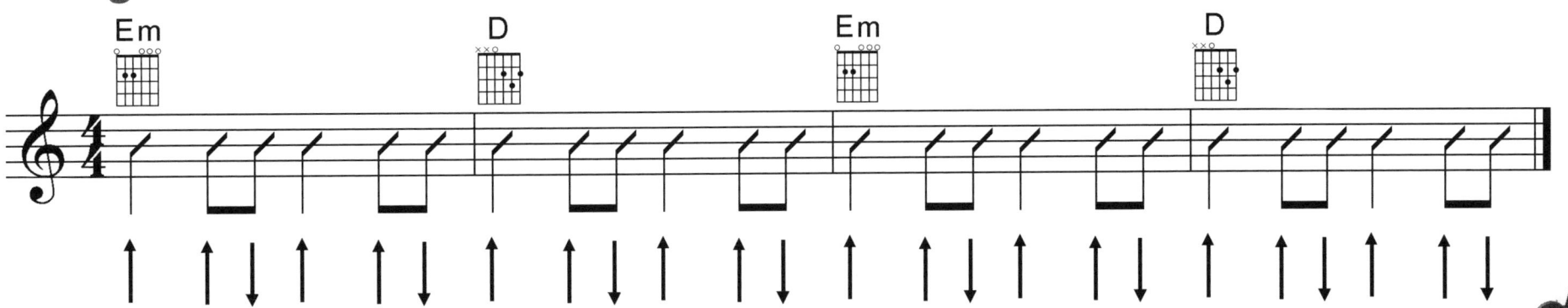

45

54 **Übung 2**

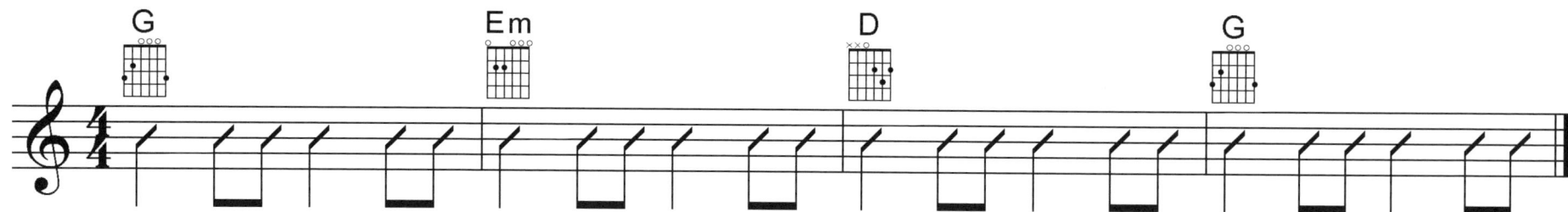

Das Dauervorzeichen

Da bestimmte Vorzeichen in manchen Liedern sehr häufig vorkommen, können sie das Notenbild ganz schön unübersichtlich machen. Deshalb schreibt man dieses Vorzeichen am Anfang jeder Notenzeile direkt hinter den Notenschlüssel.

Bei den nächsten Liedern findest du solch ein Dauervorzeichen auf der oberen Notenlinie. Das Lied *He Ho* kennst du schon. Auf Seite 41 hast du es ohne Vorzeichen gespielt. Diese zweite Version enthält das „fis" als Dauervorzeichen.

Das bedeutet, dass in diesem Lied jedes „f" zum „fis" erhöht wird. Ob hohes „f", mittleres „f" oder tiefes „f": alle werden erhöht zu „fis", also einen Bund höher gespielt.

Das Dauervorzeichen

55 He Ho (zweite Version)

Musik und Text: mündlich überliefert

Die grau markierten Töne werden einen Bund höher gespielt.

46

Re - gen ü - ber's Land! Hol' die gold'-nen Gar - ben, hol' die gold'-nen Gar — ben!

The Leaving of Liverpool

Irischer Folksong **56**

Spiele mit den Fingern im Wechselschlag.

Alle Töne dieses Folksongs gehören zur G-Dur-Tonleiter (vgl. S. 36)

47

Das hohe "fis"

Auch das hohe „f" kann zu „fis" erhöht werden. Man findet diesen Ton im zweiten Bund der ersten Saite. Du hast das hohe „fis" bereits in den Akkorden D7 und D kennen gelernt.

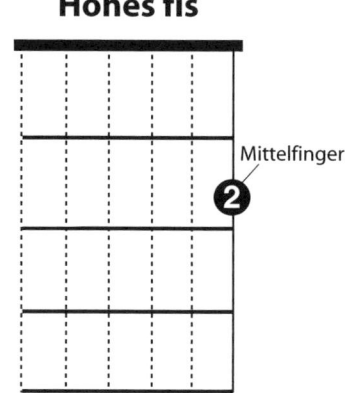

Hohes fis

Mittelfinger

57 Warm-Up mit dem hohen „fis"

Was für'n Kreuz mit Vor - zei - chen. Ob fis, ob cis, ein Kreuz es ist.

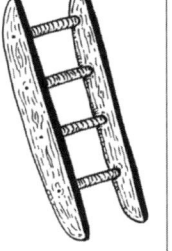

Die hohe G-Dur-Tonleiter

Die **G-Dur-Tonleiter** kannst du selbstverständlich auch vom mittleren „g" bis zum hohen „g" spielen.

Trage den Notennamen über jeder Note ein, spiele und lerne die Tonleiter auswendig.

58

G ____

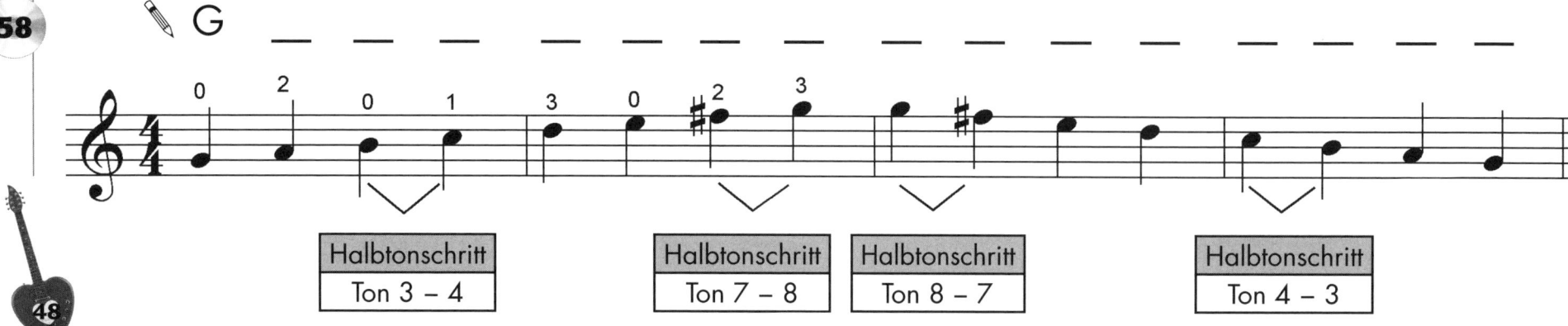

Halbtonschritt	Halbtonschritt	Halbtonschritt	Halbtonschritt
Ton 3 – 4	Ton 7 – 8	Ton 8 – 7	Ton 4 – 3

48

Prima, jetzt kommt PAMI!

Zupfmuster 6

Ein neues Zupfmuster, das den Fingeranschlag *pima* umkehrt. Der *Daumen (p)* zupft die sechste Saite an, danach der *Ringfinger (a)* die erste Saite, der *Mittelfinger (m)* die zweite Saite und der *Zeigefinger (i)* die dritte Saite. Zusammen ergibt das: **pami**.

Warm-Up Zupfmuster 6

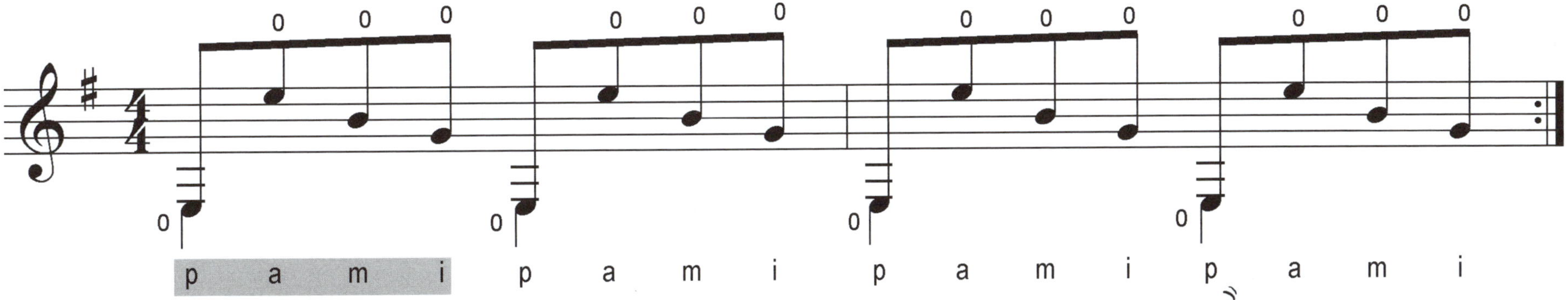

In der „Kleinen Melodie" spielst du das gelernte Zupfmuster und greifst auf der ersten Saite die Melodietöne.

60 Kleine Melodie

Musik: Norbert Roschauer

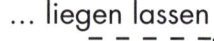

Tipp

Wenn der dritte Finger das „g" im dritten Bund greift, lässt du im zweiten Bund den zweiten Finger auf dem „fis" liegen. Danach brauchst du den zweiten Finger nur noch anzuheben, um die leere Saite klingen zu lassen.

50

Jeder Ton kann mit dem Kreuzvorzeichen erhöht werden! Dem Tonnamen fügen wir immer die Silbe „-is" an. Den erhöhten Ton spielst du einen Bund höher in Richtung Schallloch. Man zählt also immer einen Bund dazu.

Ein Kreuz mit dem Kreuz!

Notenaufgabe

Trage in die Tabelle ein:
1. den Notennamen jeder Note (mit „-is"),
2. den Finger, mit dem du greifst,
3. die Saite, auf der du greifst und
4. den Bund, in dem du greifst.

Die Lösungen findest du im Internet auf www.gitarre-fuer-kinder.de

Name	gis						
Finger	1						
Saite	3						
Bund	1						

Notenrätsel

Die Notennamen ergeben wieder die gesuchten Worte. Du musst jetzt aber aufpassen, denn vor manchen Noten steht ein Kreuzvorzeichen!

Die Lösungen findest du im Internet auf www.gitarre-fuer-kinder.de

1. Meerestier
2. Stachlige Pflanze
3. Darauf fährt die Straßenbahn
4. Nahrung für Mensch und Tier
5. Greifvogel
6. Das machen Wellen
7. Weiblicher Vorname
8. Englischer Männername

Erfinde deine eigenen Melodien

Jetzt bist du wieder dran. Auch mit den Tönen der G-Dur-Tonleiter kannst du deine eigenen Melodien erfinden. Achtung: Jedes „f" wird in G-Dur zu „fis"!

Setze den Melodieanfang fort. Trage DEINE EIGENE MELODIE ein.

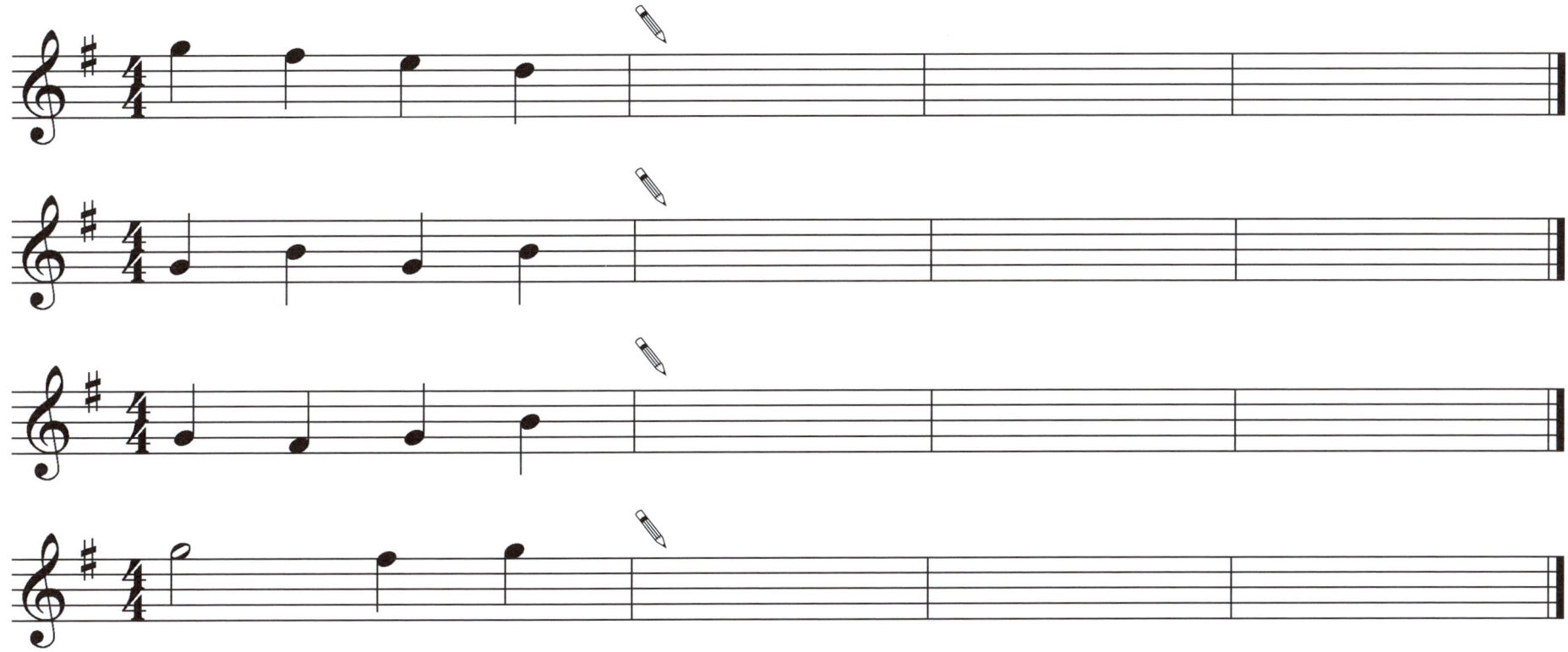

Das Griffbrett

Trage – wie im Beispiel – in die freien Bünde die fehlenden Töne mit Kreuzvorzeichen ein:

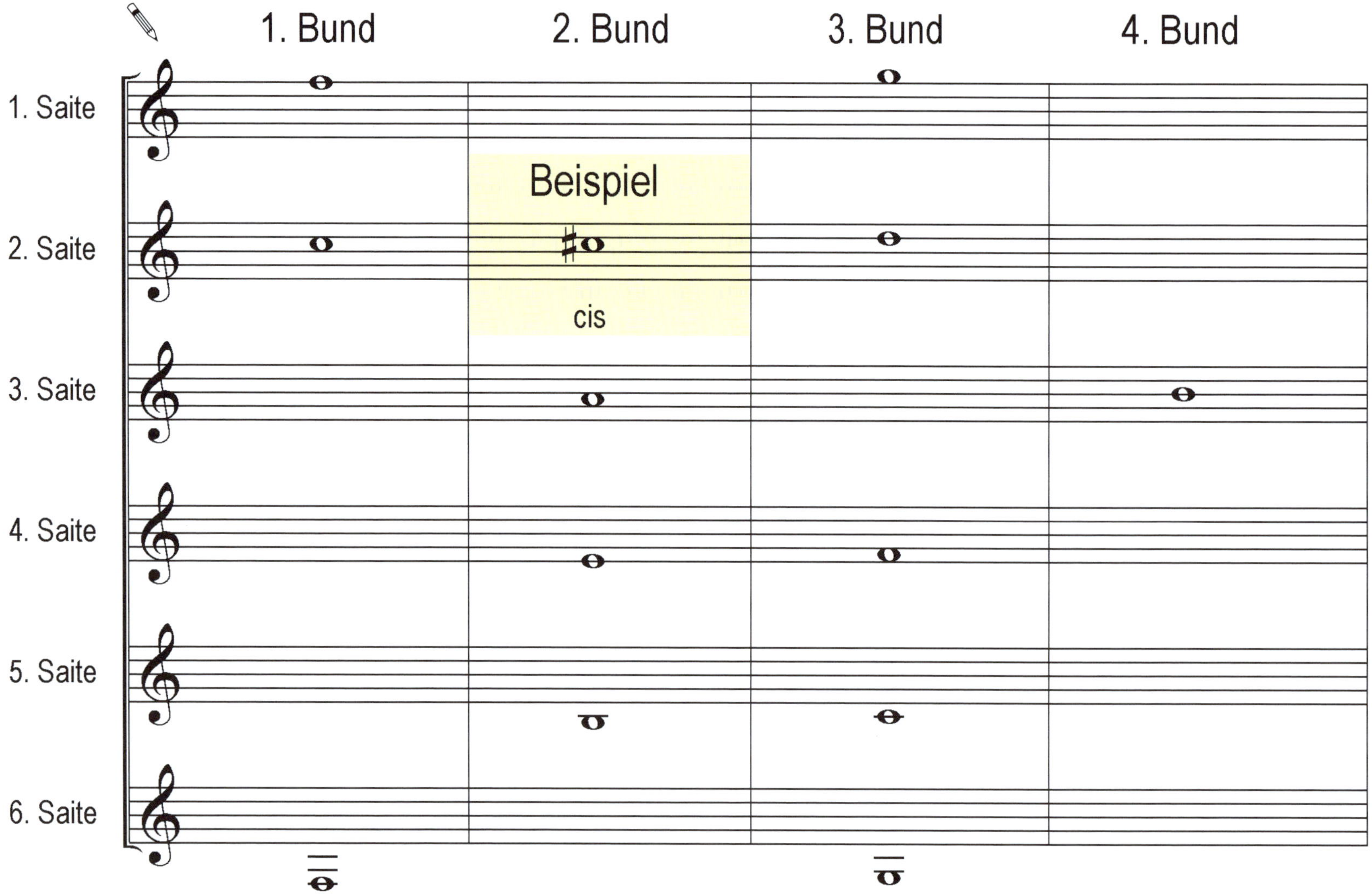

Die Lösungen findest du im Internet auf www.gitarre-fuer-kinder.de

54

Der A-Dur-Akkord

Auch für den A-Dur-Akkord benötigst du drei Finger der linken Hand.
Der *Zeigefinger* ❶ greift im zweiten Bund der vierten Saite,
der *Mittelfinger* ❷ greift im zweiten Bund der dritten Saite und
der *Ringfinger* ❸ greift im zweiten Bund der zweiten Saite.

Mit dem *Daumen* der rechten Hand kannst du jetzt über fünf Saiten
streichen.

A

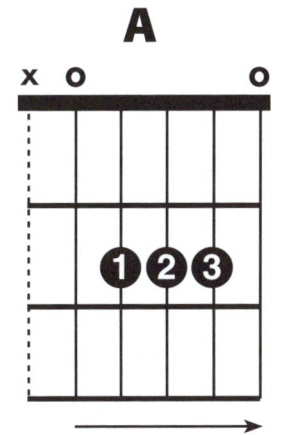

Schrum über fünf Saiten
❶ = Zeigefinger
❷ = Mittelfinger
❸ = Ringfinger

Schrum mit A

61

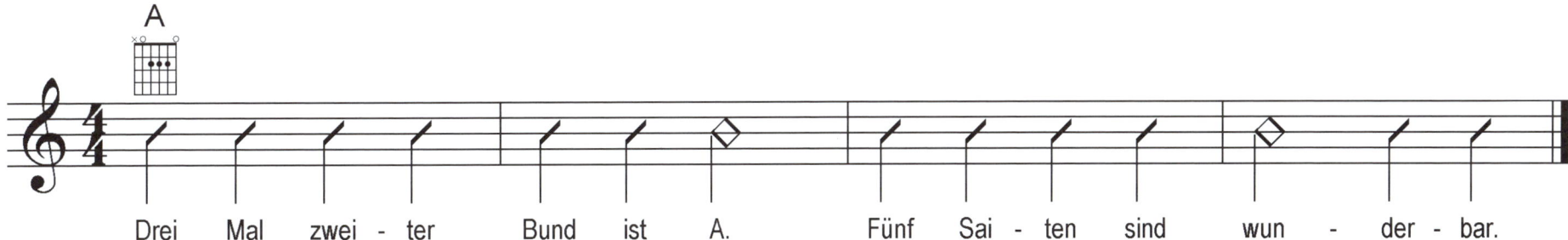

Drei Mal zwei - ter Bund ist A. Fünf Sai - ten sind wun - der - bar.

Übung mit Griffwechsel

62

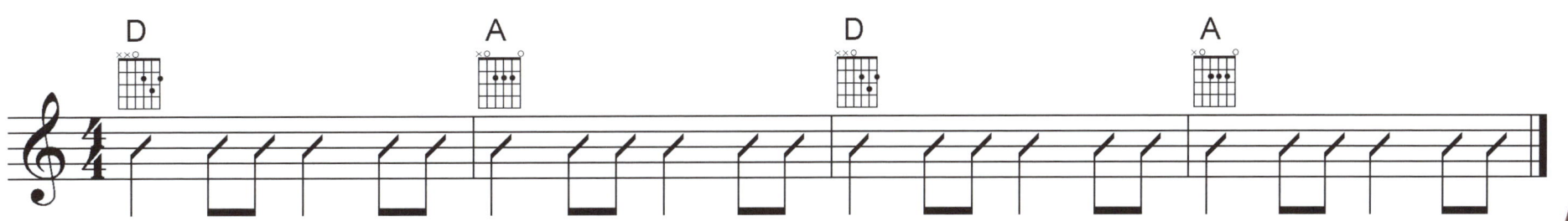

Spiritual aus den USA / Dt. Text: Norbert Roschauer

*Auf der CD
hörst du
Akkord-
begleitung
und Melodie.
Spiele erst
die Akkorde.
Versuche dann
die Melodie
nach dem
Gehör
zu spielen.*

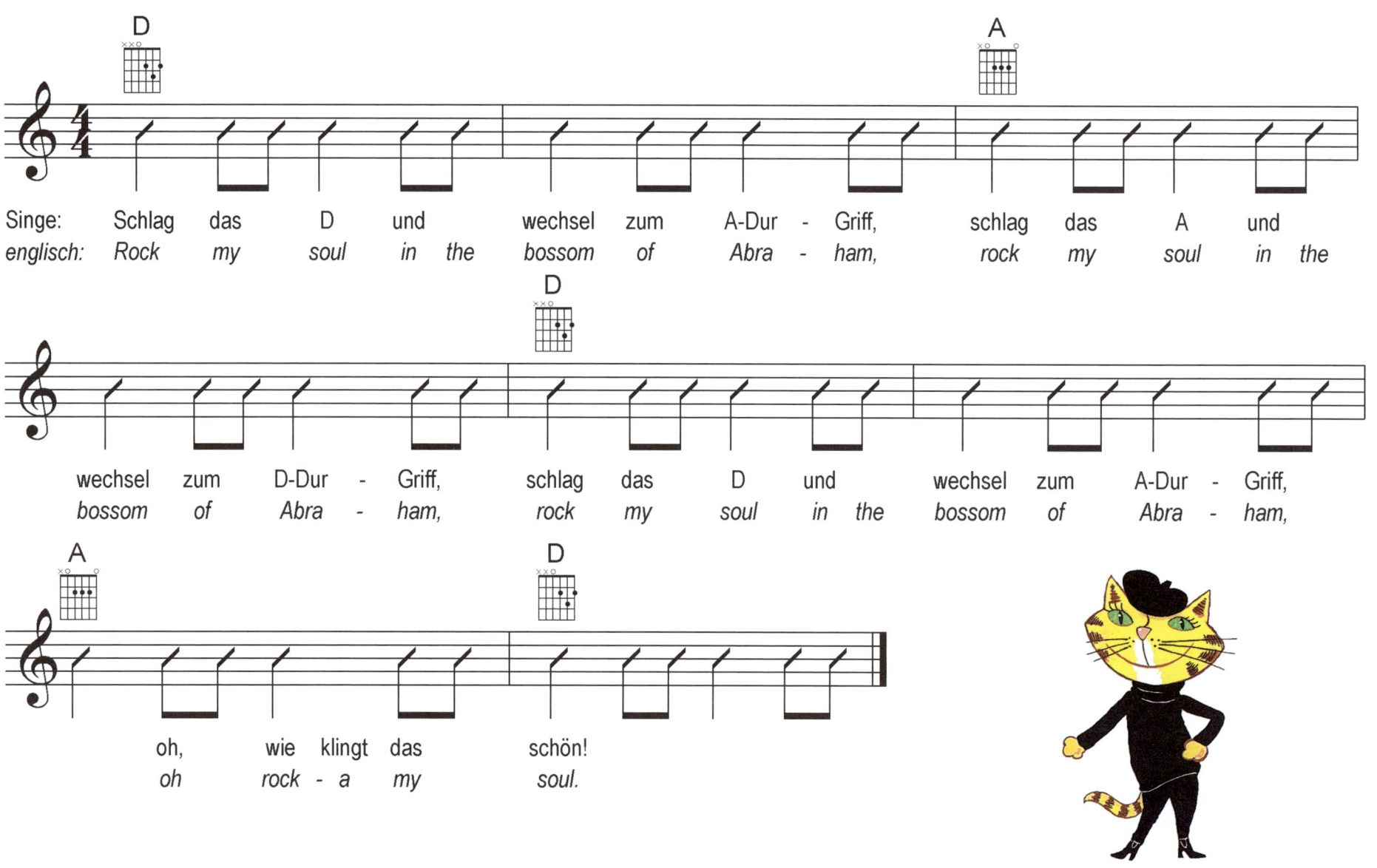

Singe: Schlag das D und wechsel zum A-Dur - Griff, schlag das A und
englisch: Rock my soul in the bossom of Abra - ham, rock my soul in the

wechsel zum D-Dur - Griff, schlag das D und wechsel zum A-Dur - Griff,
bossom of Abra - ham, rock my soul in the bossom of Abra - ham,

oh, wie klingt das schön!
oh rock - a my soul.

Zwei Balken - Die Sechzehntel

Eine Sechzehntelnote erkennst du an den *beiden Fähnchen* am Notenhals. Das unterscheidet sie von der Achtelnote. Zwei Sechzehntel ergeben den Notenwert von einer Achtelnote, vier den einer Viertelnote. Damit ist die Sechzehntelnote halb so lang wie eine Achtelnote. Mehrere Sechzehntel können mit *zwei Balken* verbunden werden.

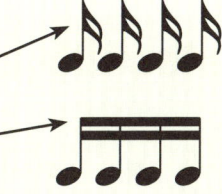
Das Zählen von Sechzehnteln

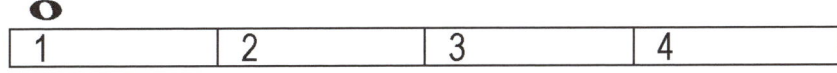

Eine **ganze Note** dauert genau **vier** Schläge.

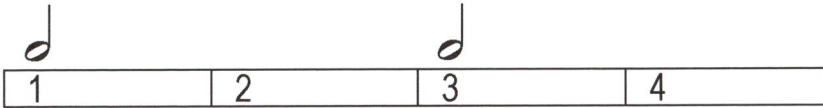

Eine **halbe Note** dauert **zwei** Schläge. Zwei halbe Noten dauern zusammen so lange wie eine ganze Note.

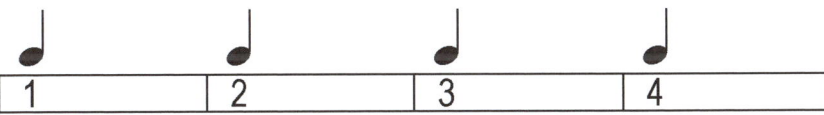

Eine **Viertelnote** dauert genau **einen** Schlag. Zwei Viertelnoten sind so lange wie eine halbe Note. Auf jeder Zählzeit ist eine Viertelnote.

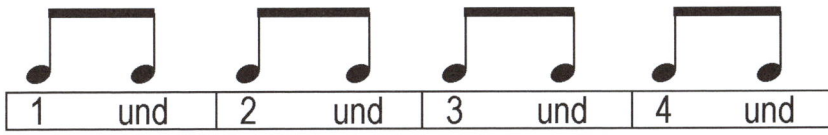

Eine **Achtelnote** dauert einen **halben** Schlag. Zwei Achtelnoten sind genau so lange wie eine Viertelnote. Die Achtelnoten werden auf die Zählzeiten und das „und" dazwischen gespielt.

Vier Sechzehntelnoten passen in eine Viertelnote. Vor und nach jedem „und" zählt man am besten mit dem Buchstaben „**e**".

Klatsche die folgenden Rhythmen und zähle laut dazu! Sie sehen schwieriger aus, als sie sind.

64 ## Klatschübung 1

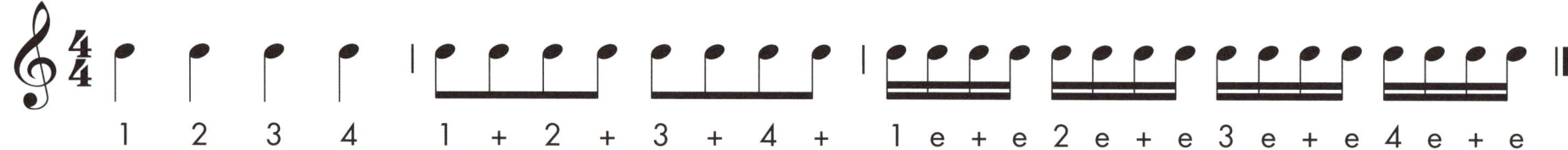

65 ## Klatschübung 2

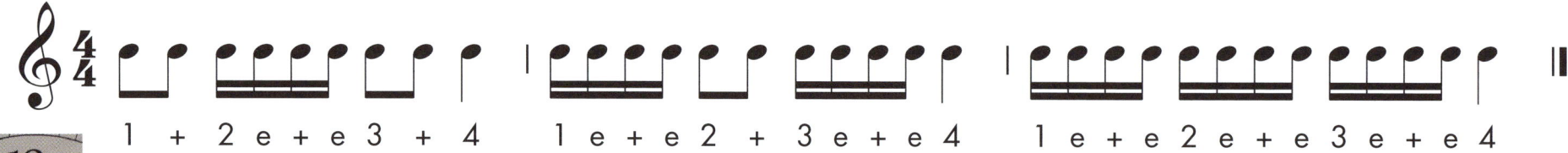

Uhrenkanon **66**

Musik und Text: Karl Karow (1790 – 1863)

Klatsche die folgenden Rhythmen und zähle laut dazu!

Klatschübung 3

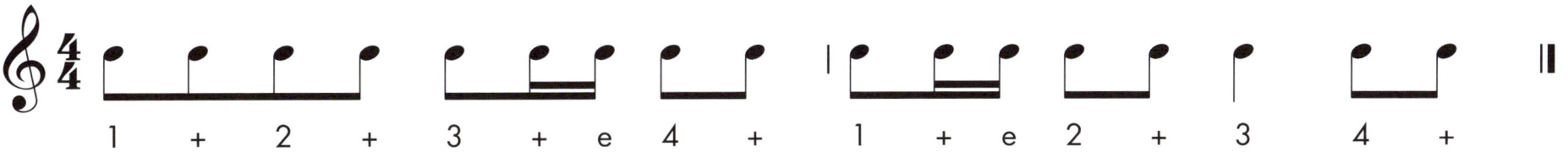

Im Walde von Toulouse

Räuberlied (überliefert)

Im Wal - de von Tou - lou - se, da haust ein Räu - ber - pack, da

haust ein Räu - ber - pack, schnä - da - reng päng päng schnä - dä - räng per - li - ne, da

haust ein Räu - ber - pack, schnä - da - reng päng päng.

59

Der 2/4–Takt

Der **2/4-Takt** enthält zwei Viertelschläge pro Takt. Das bedeutet, dass jeder Takt **zwei** gleich lange Schläge enthält. Schlage jetzt in jedem Takt zwei Mal an und zähle laut mit: „**1 – 2 | 1 – 2**".

Für die Achtelnoten fügt man immer ein „und" zwischen die Zählzeiten. Schlage jetzt in jedem Takt vier Mal an und zähle laut mit: „**1 und 2 und | 1 und 2 und**".

Für die Sechzehntel kommt immer ein „e" dazu. Schlage jetzt in jedem Takt zwei Mal an und zähle laut mit: „**Ein-e und-e Zwei-e und-e | Ein-e und-e Zwei-e und-e**".

69 ## Klatschübung 1

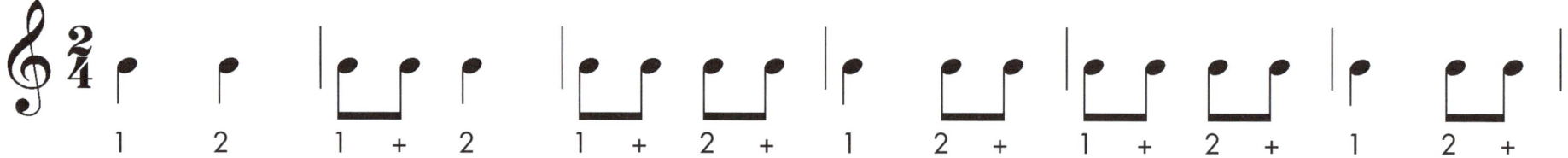

70 ## Klatschübung 2

Trage die Zählzeiten unter den Noten ein:

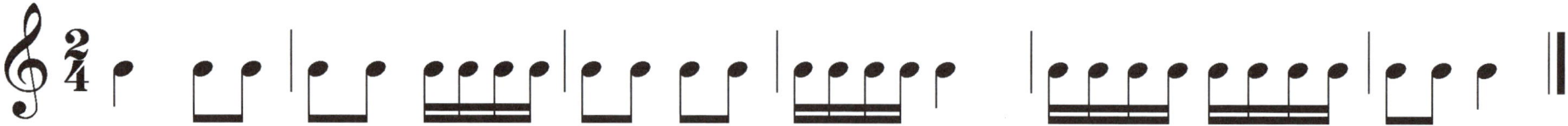

60

Aramsamsam

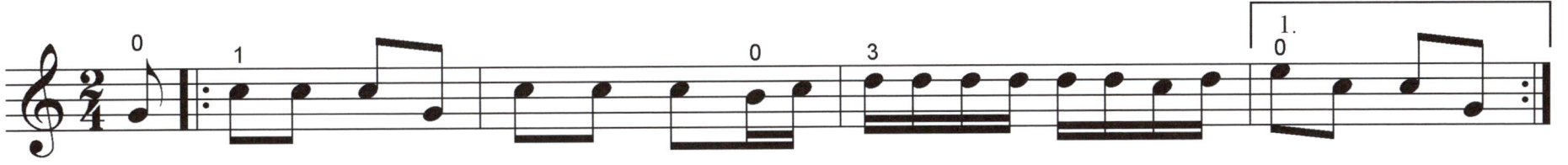

A - ram - sam - sam, A - ram - sam - sam, gu - li, gu - li, gu - li, gu - li, gu - li ra - sam - sam. A -

1. Klammer (vgl. S. 33)

ram - sam - sam. Sa - la - mi, sa - la - mi, gu - li, gu - li, gu - li, gu - li, gu - li ra - sam - sam. Sa - ram - sam - sam.

2. Klammer (vgl. S. 33)

Aufgabe

Trage die Taktstriche ein und schreibe die Zählzeiten unter die Noten!

Der kleine Unterschied

Du kennst mittlerweile verschiedene Taktarten: den 4/4-Takt, den 3/4-Takt und nun den 2/4-Takt. Ein Merkmal ist bei allen Takten gleich: Die Zählzeit „Eins" ist in allen Takten die schwerste Zählzeit, sie wird immer betont, d. h. du schlägst kräftiger an.

Das Betonungszeichen

> Dieses Betonungszeichen, auch *Akzent* genannt, steht über der Note, die kräftiger angeschlagen werden soll.

2/4–Takt

Im 2/4-Takt haben wir also eine Folge von betonten und unbetonten Zählzeiten:

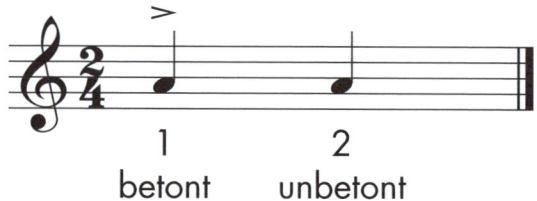

3/4–Takt

Im 3/4-Takt folgen auf die betonte „Eins" zwei unbetonte Zählzeiten:

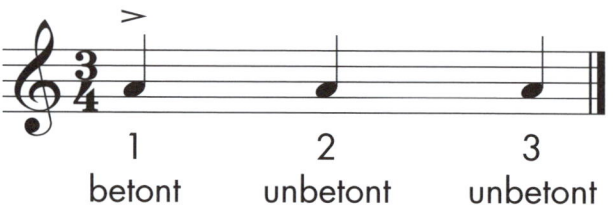

4/4–Takt

Im 4/4-Takt gibt es zwei betonte Zählzeiten, die „Eins" und die „Drei". Die „Drei" wird aber nicht ganz so stark betont wie die „Eins":

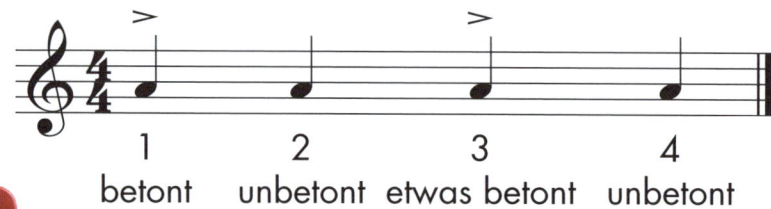

Da Capo al Fine

Im nächsten Lied „*Kalinka*" wirst du auf eine neue Anweisung stoßen.
Am Ende des Liedes findest du „**D.C. al Fine**". Das ist die Abkürzung für
„**Da Capo al Fine**". Das ist Italienisch und heißt übersetzt „*Von vorne bis zum Ende*". Das heißt, du spielst nochmals vom Anfang des Liedes bis zum Wort „*Fine*", das übersetzt „*Ende*" bedeutet.

Für „*Kalinka*" wichtig ist auch die **Tempoänderung**. Das Lied beginnt ganz
langsam. Danach werden wir bis zum Wiederholungszeichen immer schneller. Die Wiederholung beginnen wir wieder langsam. Nach der zweiten Klammer spielen wir bis zum Schluss gleichmäßig schnell.

72 # Kalinka

Musik und Text: Iwan Petrowitsch Larionow (1860)

Kalinka macht richtig Spaß, wenn du immer schneller wirst.

Ka - lin - ka, ka - lin - ka, ka - lin - ka ma - ja! Fsa - du ja - ga - da - ma - lin - ka, ma -

lin - ka ma - ja. Ka - ja. Fa - a tsa - a - a sno ju pa - a dzil ji - a no ju

spatj pa la ziy - i - tje - e vy mjin ja - a. A - i lju li, lju li,

a - i lju li, lju li, spatj pa la ziy - i tje - e vy mjin - ja.

64

Der E-Dur Akkord

Auch für den E-Dur-Akkord benötigst du drei Finger der linken Hand.
Der *Zeigefinger* ❶ greift im ersten Bund der dritten Saite,
der *Mittelfinger* ❷ greift im zweiten Bund der fünften Saite und
der *Ringfinger* ❸ greift im zweiten Bund der vierten Saite.

Mit dem *Daumen* oder *Zeigefinger* der rechten Hand kannst du jetzt
über alle sechs Saiten streichen.

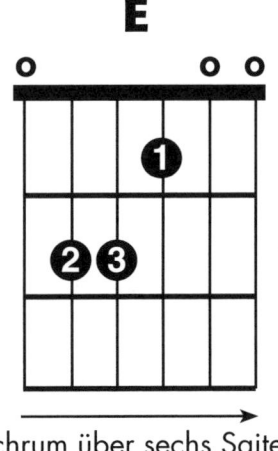

E

Schrum über sechs Saiten
❶ = *Zeigefinger*
❷ = *Mittelfinger*
❸ = *Ringfinger*

73

Schrum mit E

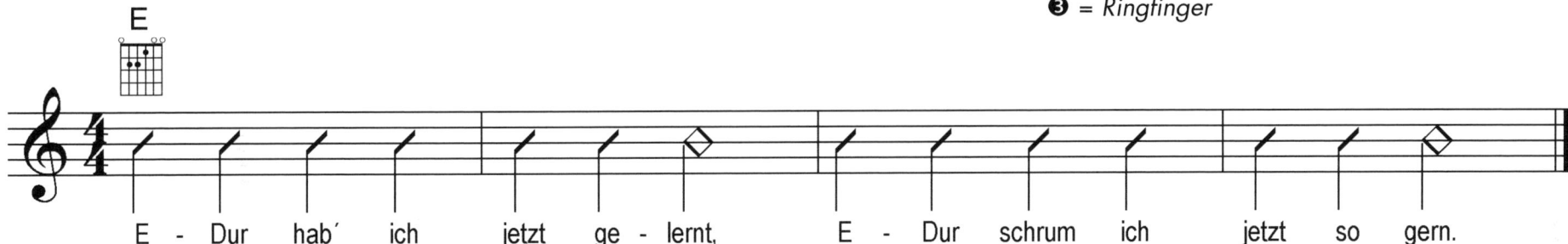

E - Dur hab' ich jetzt ge - lernt, E - Dur schrum ich jetzt so gern.

Warm-Up E-Dur (3/4-Takt mit Achtelrhythmus)

74

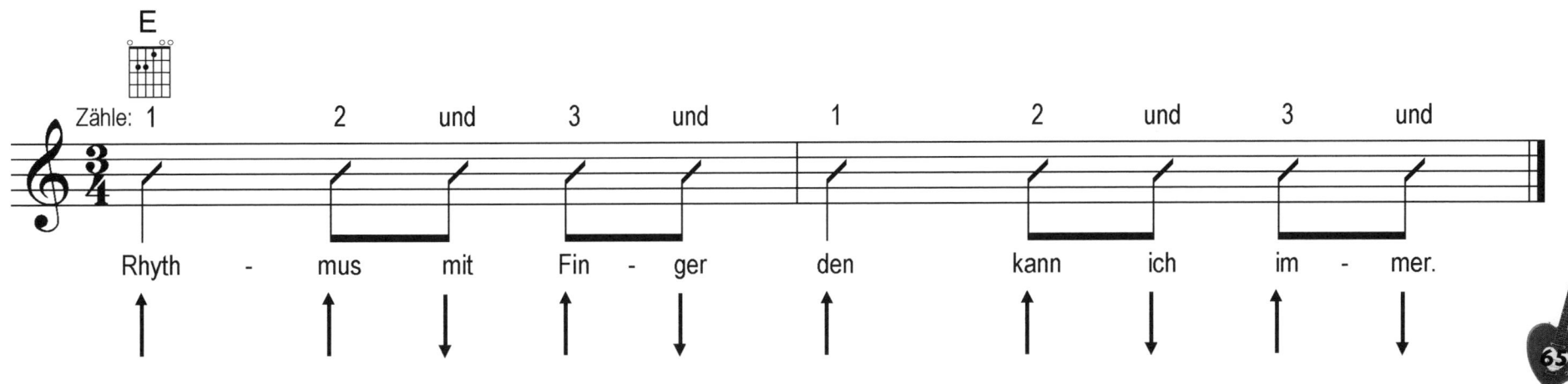

Zähle: 1   2   und   3   und   1   2   und   3   und

Rhyth - mus mit Fin - ger den kann ich im - mer.

Schlage mit dem Zeige-finger an (vgl. S. 38).

35

75 Übung mit Griffwechsel A – E (3/4-Takt mit Achtelrhythmus)

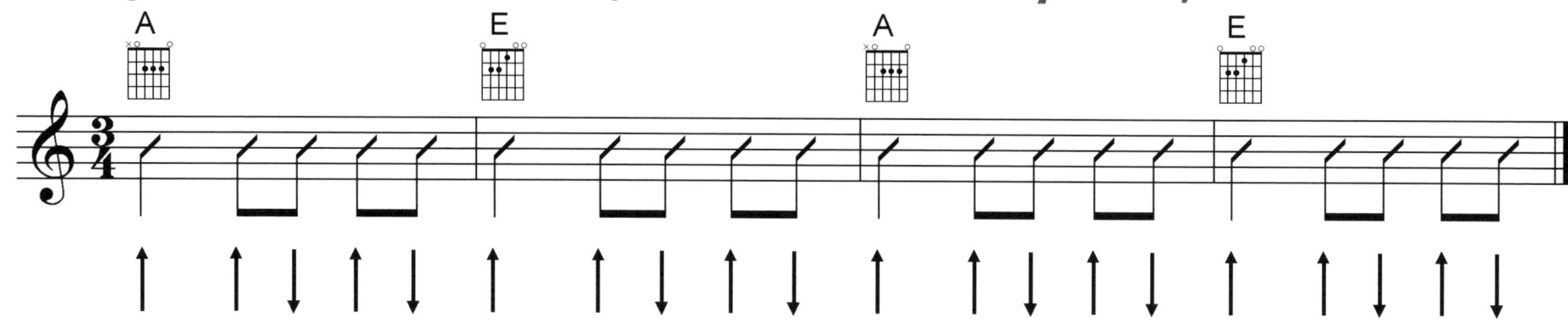

76 Clementine

Amerikanischer Folksong (1849) / Dt.Text: Norbert Roschauer

Auf der CD hörst du Akkordbegleitung und Melodie. Spiele erst die Akkorde. Versuche dann die Melodie nach dem Gehör zu spielen.

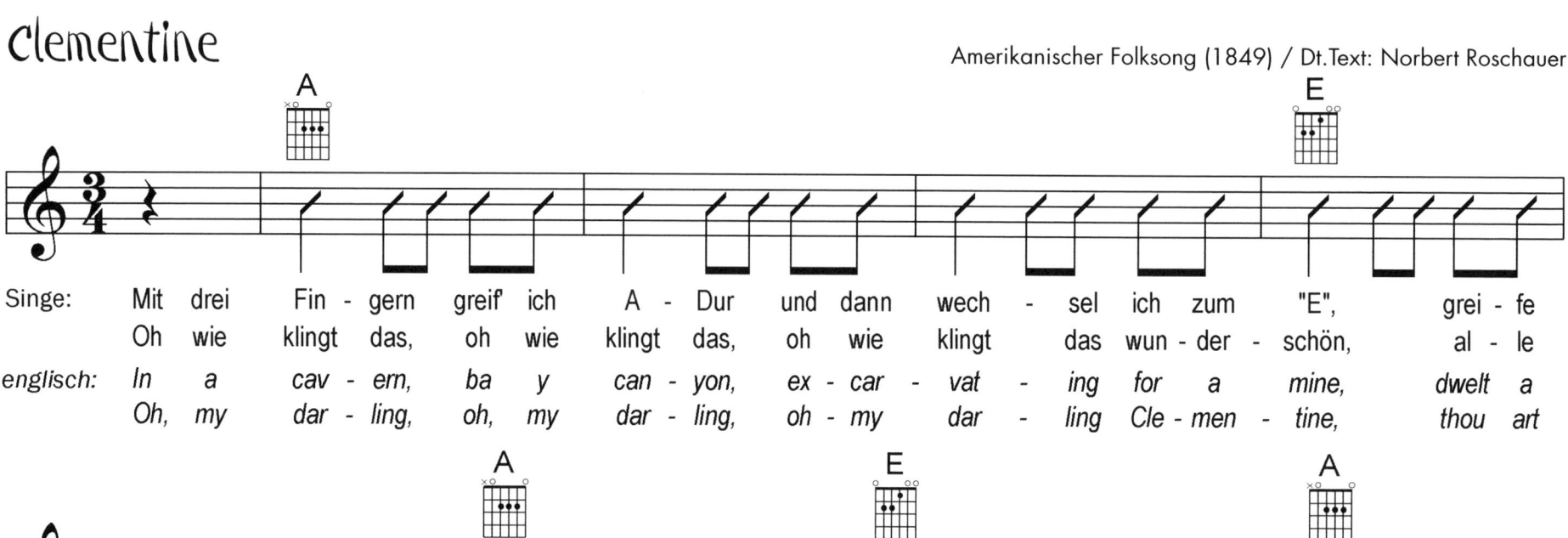

Singe: Mit drei Fin - gern greif' ich A - Dur und dann wech - sel ich zum "E", grei - fe
         Oh wie klingt das, oh wie klingt das, oh wie klingt das wun - der - schön, al - le
englisch: In a cav - ern, ba y can - yon, ex - car - vat - ing for a mine, dwelt a
         Oh, my dar - ling, oh, my dar - ling, oh - my dar - ling Cle - men - tine, thou art

auf den tie - fen Sai - ten, oh wie klingt das wun - der - schön.
freu'n sich, al - le lach - en, die - ser Griff klingt wirk - lich schön.
min - er, four - ta nin - er, and his daugh - ter Cle - men - tine.
lost and gone for - e - ver, dread - ful sor - ry Cle - men - tine.

Übung mit halbtaktigem Griffwechsel

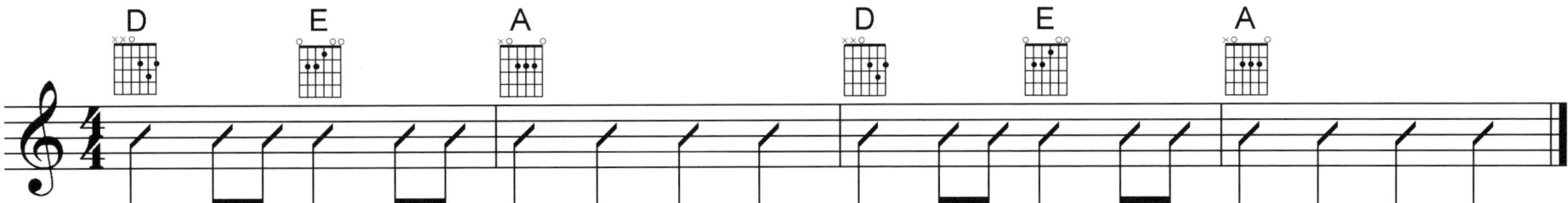

Meine Oma fährt im Hühnerstall Motorrad

Musik und Text: überliefert

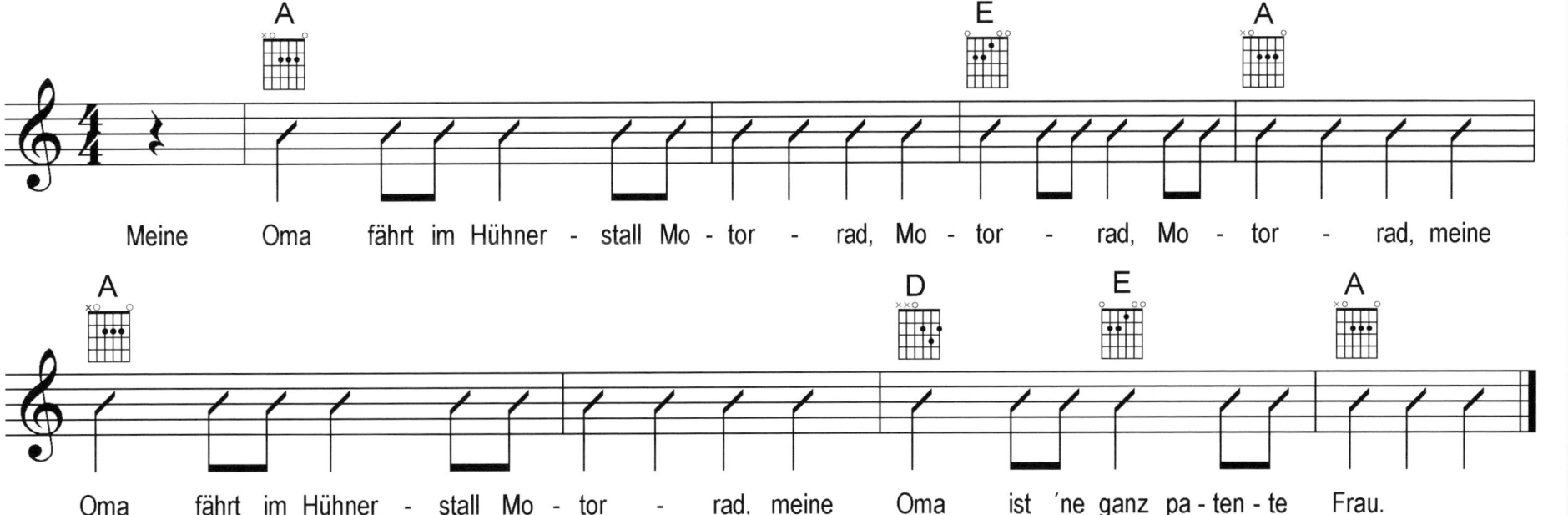

Meine Oma fährt im Hühner - stall Mo - tor - rad, Mo - tor - rad, Mo - tor - rad, meine

Oma fährt im Hühner - stall Mo - tor - rad, meine Oma ist 'ne ganz pa - ten - te Frau.

Auf der CD hörst du Akkordbegleitung und Melodie. Spiele erst die Akkorde. Versuche dann die Melodie nach dem Gehör zu spielen.

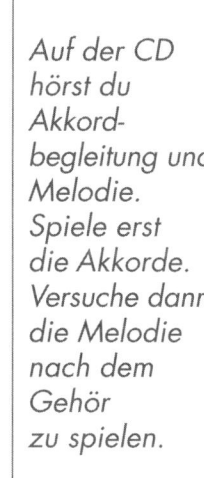

Nun mach mal 'nen Punkt

Punktierte Viertel

Die punktierte Viertelnote

Am Beispiel der Punktierten Halben Note hast du bereits gesehen, dass ein Punkt hinter einer Note diese um die Hälfte ihres Notenwertes verlängert. Das gilt natürlich auch für andere Notenwerte, wie z. B. die punktierte Viertelnote:

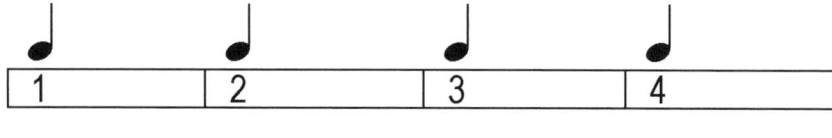

Eine **Viertelnote** dauert genau **einen** Schlag.

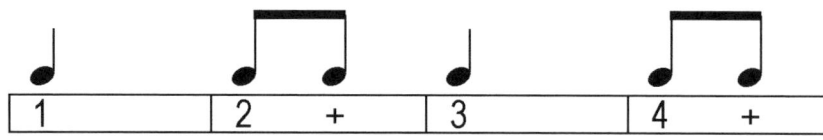

Eine **Achtelnote** dauert einen **halben** Schlag. Zwei Achtelnoten sind genau so lange wie eine Viertelnote.

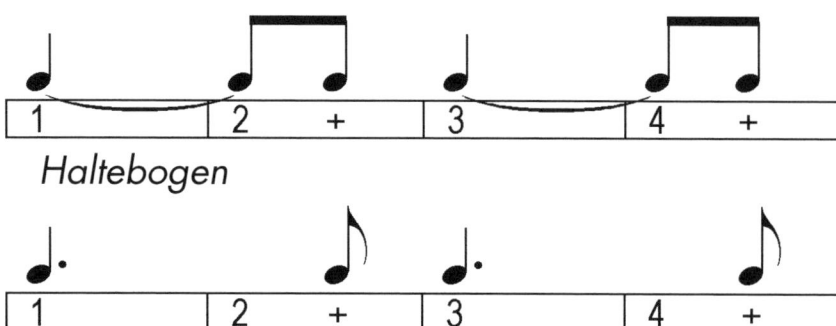

Haltebogen

Ein **Haltebogen** verlängert einen Ton. Verbindet man eine Viertelnote mit einer Achtel, klingt sie um die Hälfte länger, nämlich eineinhalb Schläge bzw. drei Achtel lang.

Anstelle des Haltebogens kann man einen **Punkt** hinter der Viertelnote schreiben. Sie klingt dann ebenfalls eineinhalb Schläge bzw. **drei Achtel lang**.

Michael, Row the Boat Ashore

Spiritual aus den USA / Dt. Text: Norbert Roschauer

G   C

1   2   +   3   4

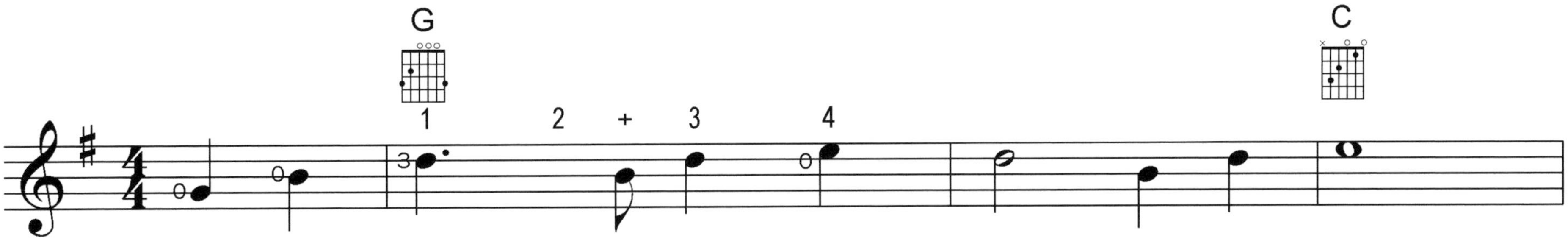

| Singe: | Spiel | ein | Punkt | am | ho | - | hen | "d", | hal | - | le | - | lu | - | - | - |
| englisch: | Mich | - ael | row | the | boat | a | - | shore, | hal | - | le | - | lu | - | - | - |

G   D   G   D   G

1   2   +   3   4

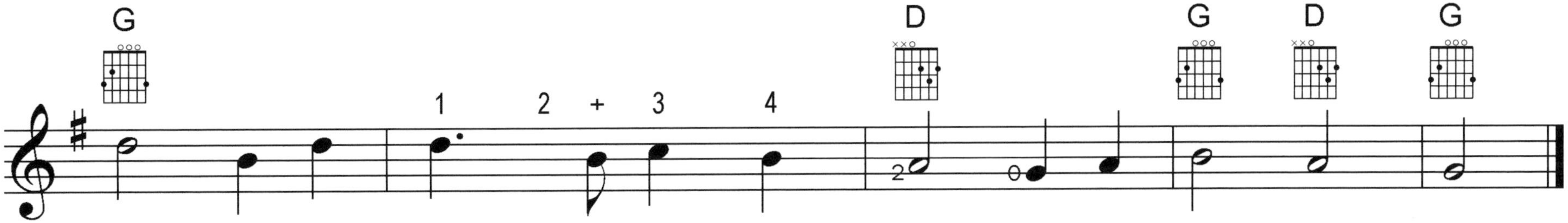

| ja, | spiel | ein | Punkt | am | ho | - | hen | "d", | hal | - | le | - | lu | - | - | - | ja. |
| ja, | Mich | - ael | row | the | boat | a | - | shore, | hal | - | le | - | lu | - | - | - | ja. |

Auch dieses Lied kannst du mit einem Duopartner oder zur CD spielen! Für die Akkordbegleitung kannst du den Viertel-/Achtelrhythmus von S. 40 verwenden.

Notenquiz

Ups! Hier fehlen wieder mal die Taktstriche. Setze sie an den richtigen Stellen ein und schreibe die Zählzeiten unter die Noten!

Eurovisionsmelodie

Musik: Marc Antoine Charpentier (1634 – 1704)

Diese Melodie ist heute bekannt aus Funk und Fernsehen, stammt aber bereits aus dem 17. Jahrhundert als Prélude aus Charpentiers Te Deum.

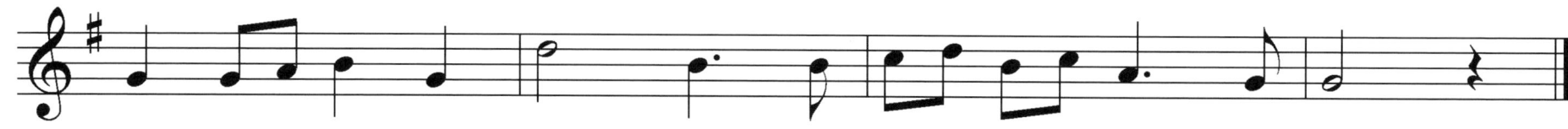

Notenquiz

Hier fehlen an manchen Viertelnoten die Punkte. Wo könnte das sein? Trage sie an der richtigen Stelle ein.

Der 6/8-Takt

Der **6/8-Takt** enthält sechs Achtelnoten pro Takt. Eine Zählzeit entspricht einer Achtelnote. Man zählt also „**1 – 2 – 3 – 4 – 5 – 6 | 1 – 2 – 3 – 4 – 5 – 6**". Die Zählzeiten „eins" und „vier" werden betont, werden also etwas stärker angeschlagen als die übrigen Zählzeiten.

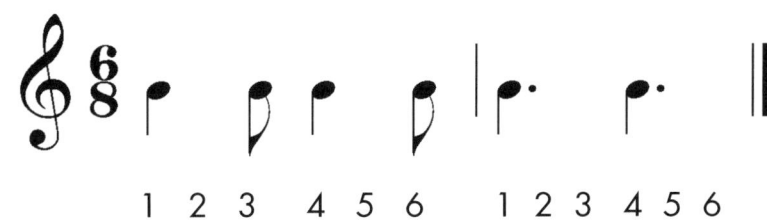

6 Schläge pro Takt

1 Achtelnote = 1 Schlag

$\dfrac{6}{8}$

Klatschübung 1 81

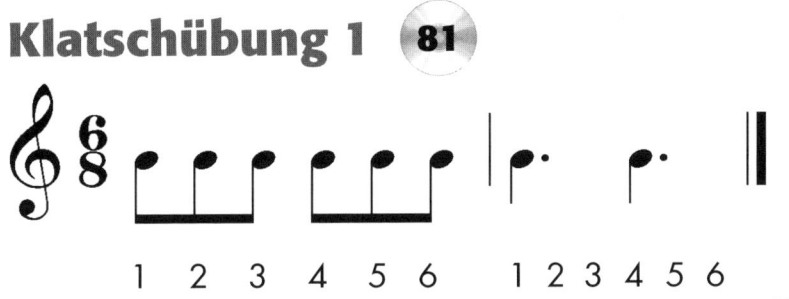

1 2 3 4 5 6   1 2 3 4 5 6

Klatschübung 2 82

1 2 3 4 5 6   1 2 3 4 5 6

Warm-Up 1 83

Trage die Zählzeiten unter den Noten ein:

Warm-Up 2 84

71

85 Piratenlied

Musik: aus den Niederlanden

Diese Melodie ist bekannt unter dem Titel „Alle, die mit uns kapern fahren".

Die Moldau

Musik: Friedrich Smetana (1824 – 1884) **86**

Notenquiz

Trage die fehlenden Taktstriche ein und schreibe die Zählzeiten unter die Noten!

Das ♭-Vorzeichen

Das ♭-Vorzeichen **erniedrigt** einen Ton um einen **Halbton**. Ein Halbton tiefer bedeutet einen Bund in Richtung Gitarrenkopf (Wirbel). Das ♭-Vorzeichen sieht aus wie der Buchstabe „b". Der Bauch des „b" bezeichnet die Notenlinie oder den Zwischenraum der Note, die erniedrigt werden soll. Der erniedrigte Ton erhält normalerweise die Endsilbe „-es". Der Ton „b" bildet da gleich mal eine Ausnahme.

Ausnahmen sind die Töne„b", „es" und „as".

♭-Vorzeichen
erniedrigt einen Ton um einen Halbton (1 Bund tiefer)

Der Ton „b"

Beim Erniedrigen des „h" gibt es aber gleich zwei Dinge zu beachten: der erniedrigte Ton heißt nicht „hes", sondern „b"! Außerdem kann man eine leere Saite nicht erniedrigen. Deshalb müssen wir auf die tiefere G-Saite ausweichen. Dort greifen wir das „b" im dritten Bund mit dem dritten Finger.

Spiele das Warm-Up mit „b". Beachte, dass ein Vorzeichen bis zum Taktende gilt. Soll der Ton auch im nächsten Takt erniedrigt werden, wird das Vorzeichen erneut vor die Note gestellt.

Greife das „b" mit dem *Ringfinger*.

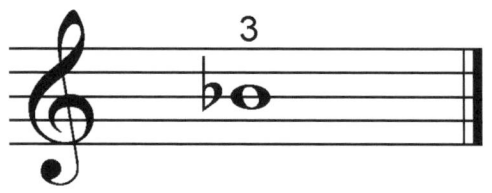

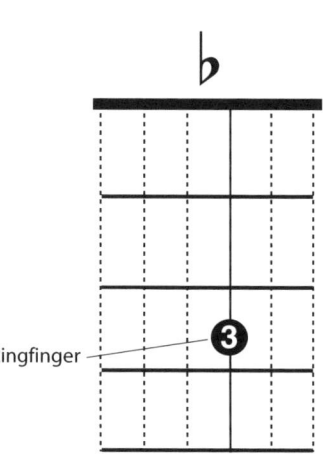

Ringfinger ——— ❸

Warm-Up mit „b"

87

Red River Valley

Amerikanischer Folksong / Dt. Text: Tom Pold **88**

Achtung beim Fingersatz der ersten beiden Töne und im vierten und dreizehnten Takt! Für den Ton „f"
springen wir *nicht* mit dem *dritten Finger* auf die höhere Saite, sondern greifen den Ton ausnahmsweise
mit dem *vierten Finger*. Die beiden Töne klingen dann nicht so abgehackt. An den anderen Stellen greifen
wir das „f" ganz „normal" mit dem *dritten Finger*.

Beachte das Dauervorzeichen ♭. Jedes „h" wird zum „b" erniedrigt.

Das Red River Valley ist ein Flusstal in North Dakota, USA.

Singe: Greif mit al - len vier Fing - ern der Lin - ken. 3 4 2 3 2

Englisch: From this val - ley they say you are go - ing. We will miss your bright

1 3 und leer. Dann wird die - ses Lied dir gut ge - lin - gen.

eyes and sweet smile. For they say you are tak - ing the sun - shine,

Grei - fe 3 4, das klingt nach viel mehr.

that has bright - ened our path - ways a - while.

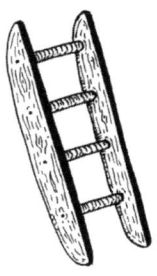

Die hohe F-Dur-Tonleiter

Spielt man alle Töne vom mittleren „f" bis zum hohen „f", erhält man die **hohe F-Dur-Tonleiter**. Zwischen „a" und „b" (3. und 4. Ton) sowie „e" und „f" (7. und 8. Ton) befinden sich Halbtonschritte.

Trage den Notennamen über jeder Note ein, spiele und lerne die Tonleiter auswendig.

89

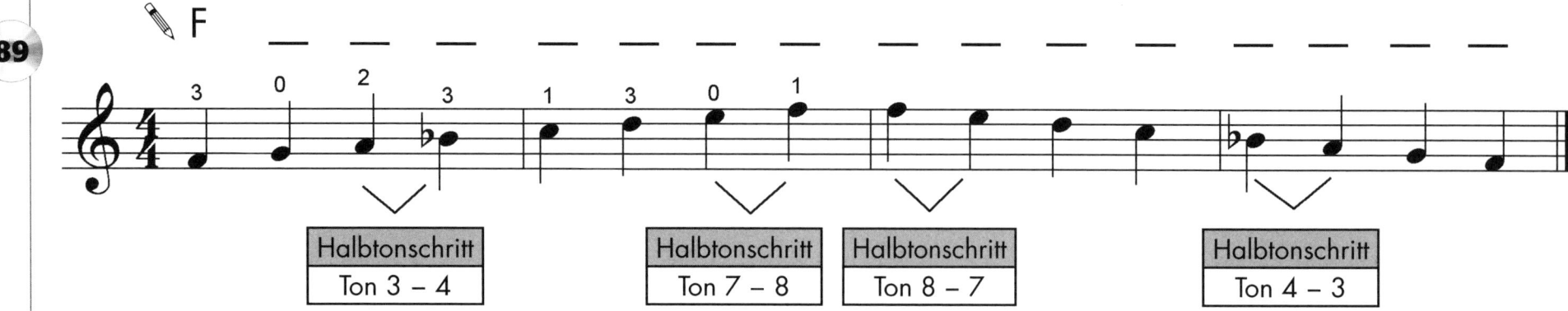

Halbtonschritt	Halbtonschritt	Halbtonschritt	Halbtonschritt
Ton 3 – 4	Ton 7 – 8	Ton 8 – 7	Ton 4 – 3

90 Guter Mond

Volkslied (überliefert)

Dieses Lied besteht nur aus Tönen der hohen F-Dur-Tonleiter.

Beachte das Dauervorzeichen ♭. Jedes „h" wird zum „b" erniedrigt.

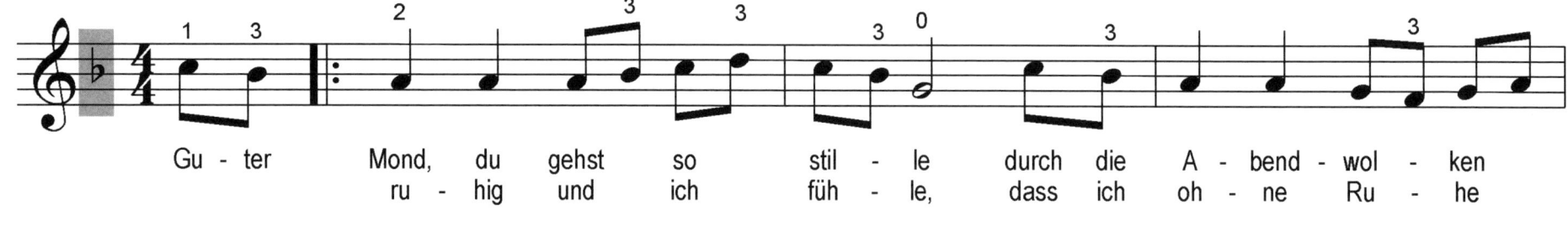

Gu - ter Mond, du gehst so stil - le durch die A - bend - wol - ken
ru - hig und ich füh - le, dass ich oh - ne Ru - he

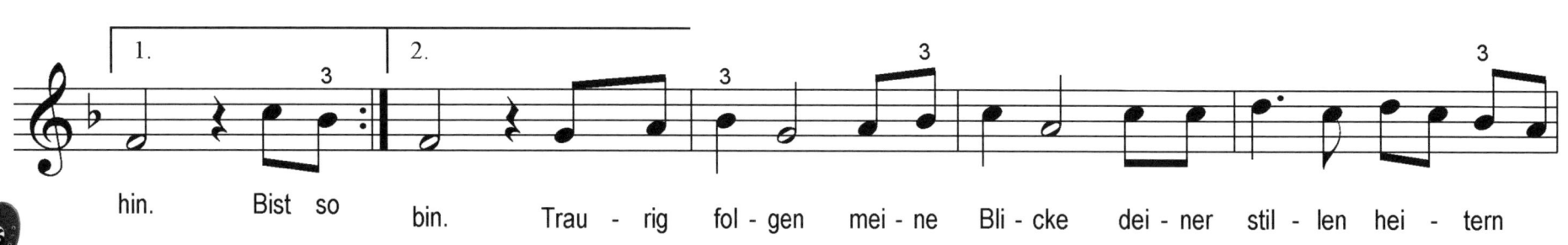

hin. Bist so bin. Trau - rig fol - gen mei - ne Bli - cke dei - ner stil - len hei - tern

76

Bahn.   O wie hart ist mein Ge - schi - cke, dass ich dir nicht fol - gen kann.

Ein Ton mit ♭-Vorzeichen erhält die Endsilbe „-es". Es gibt aber Ausnahmen. Den Ton „b" haben wir schon kennen gelernt. Das erniedrigte „a" heißt nicht „aes" sondern einfach „as" und das erniedrigte „e" wird zu „es".

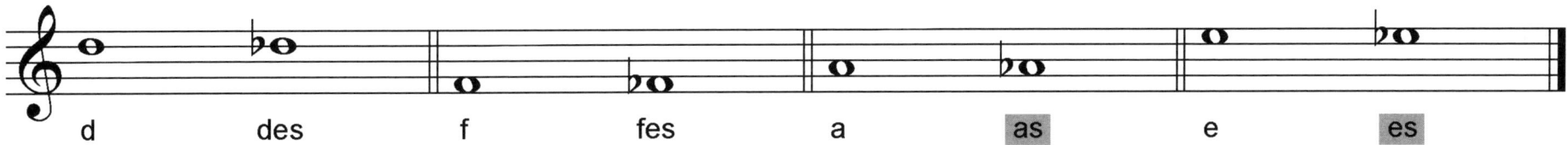

d   des   f   fes   a   as   e   es

Notenaufgabe

Trage in die Tabelle ein:
1. den Notennamen jeder Note mit ♭,
2. den Finger, mit dem du greifst,
3. die Saite, auf der du greifst und
4. den Bund, in dem du greifst.

Die Lösungen findest du im Internet auf www.gitarre-fuer-kinder.de

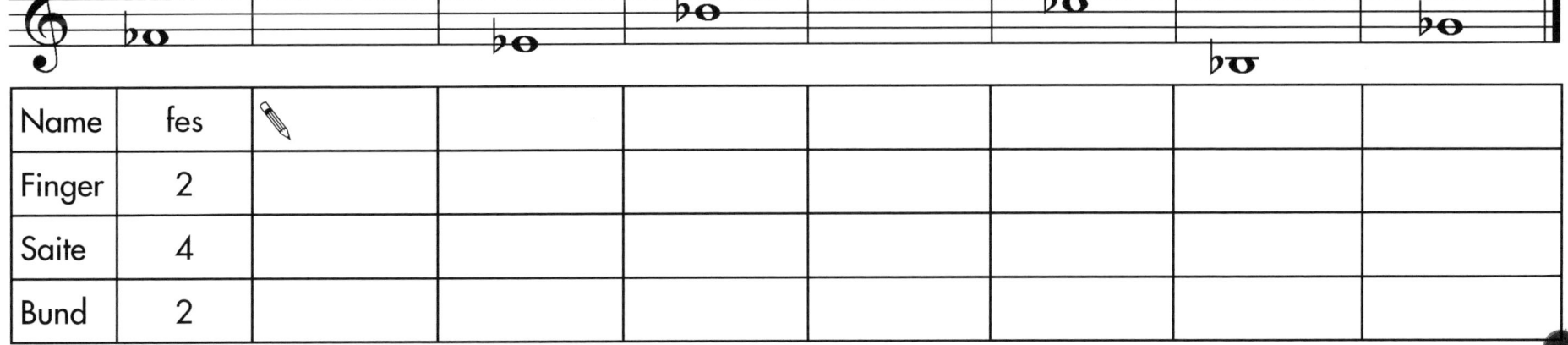

Name	fes	✎					
Finger	2						
Saite	4						
Bund	2						

77

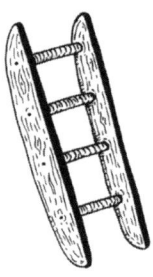

Die tiefe F-Dur-Tonleiter

Die F-Dur-Tonleiter können wir selbstverständlich auch vom tiefen „f" bis zum mittleren „f" spielen! Spielt man alle Töne vom tiefen „f" bis zum mittleren „f", erhält man die **tiefe F-Dur-Tonleiter**. Zwischen „a" und „b" sowie „e" und „f" befinden sich Halbtonschritte.

Trage den Notennamen über jeder Note ein, spiele und lerne die Tonleiter auswendig.

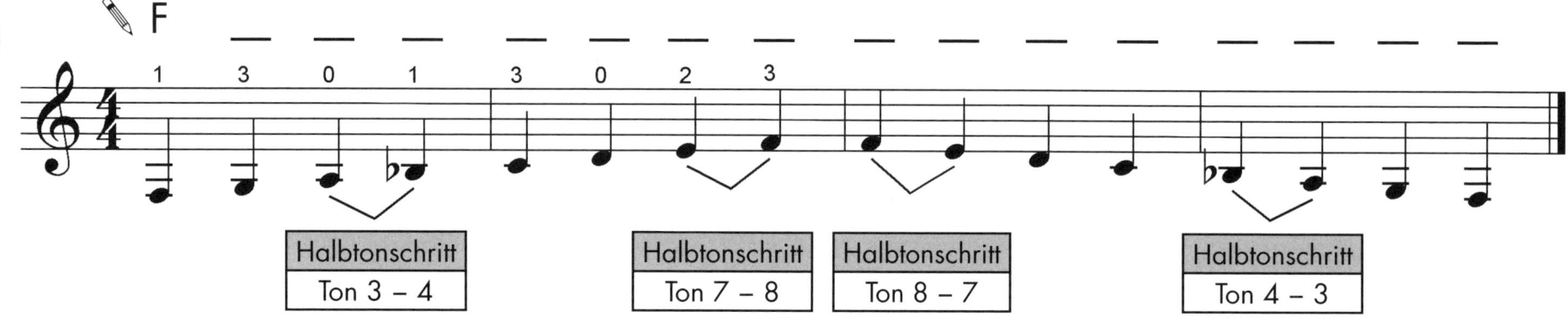

Halbtonschritt	Halbtonschritt	Halbtonschritt	Halbtonschritt
Ton 3 – 4	Ton 7 – 8	Ton 8 – 7	Ton 4 – 3

Erfinde deine eigenen Melodien

Auch die F-Dur-Tonleiter lässt sich zum Komponieren verwenden!

Setze den Melodieanfang fort. Trage DEINE EIGENE MELODIE ein.

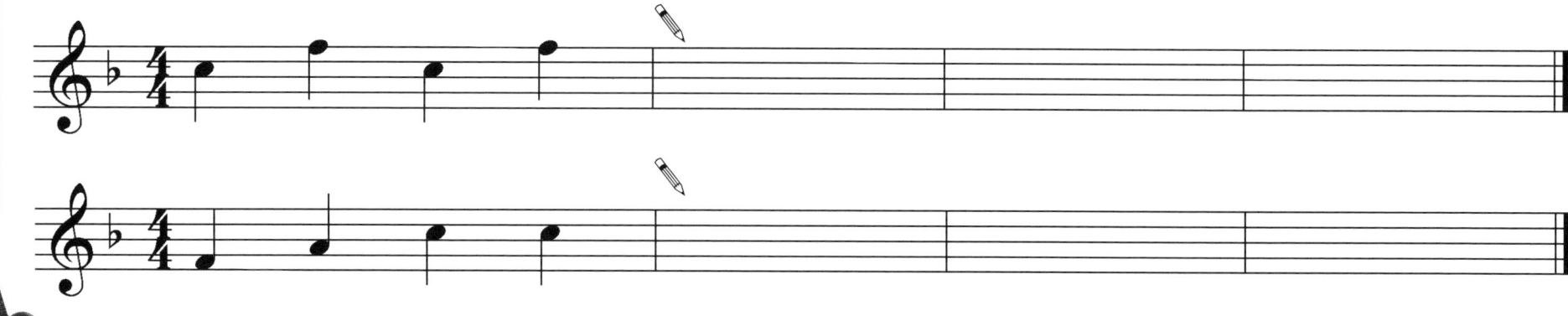

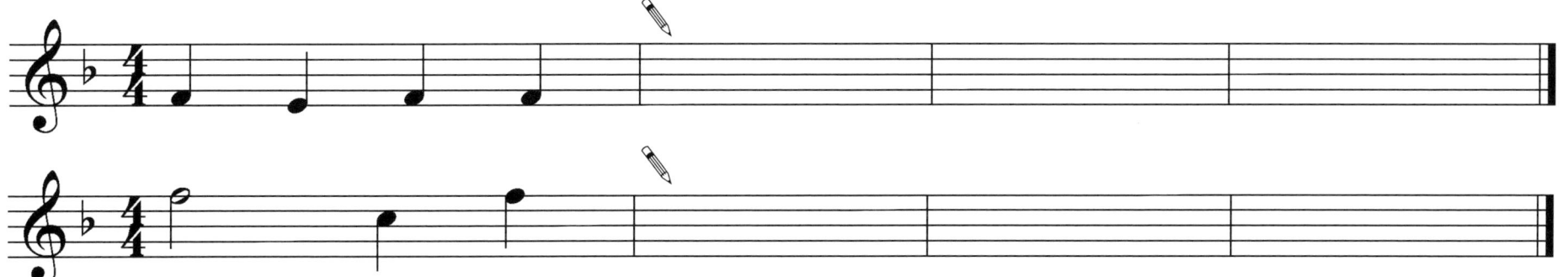

Das Griffbrett

Trage – wie im Beispiel – in die freien Bünde die fehlenden Töne mit ♭-Vorzeichen ein:

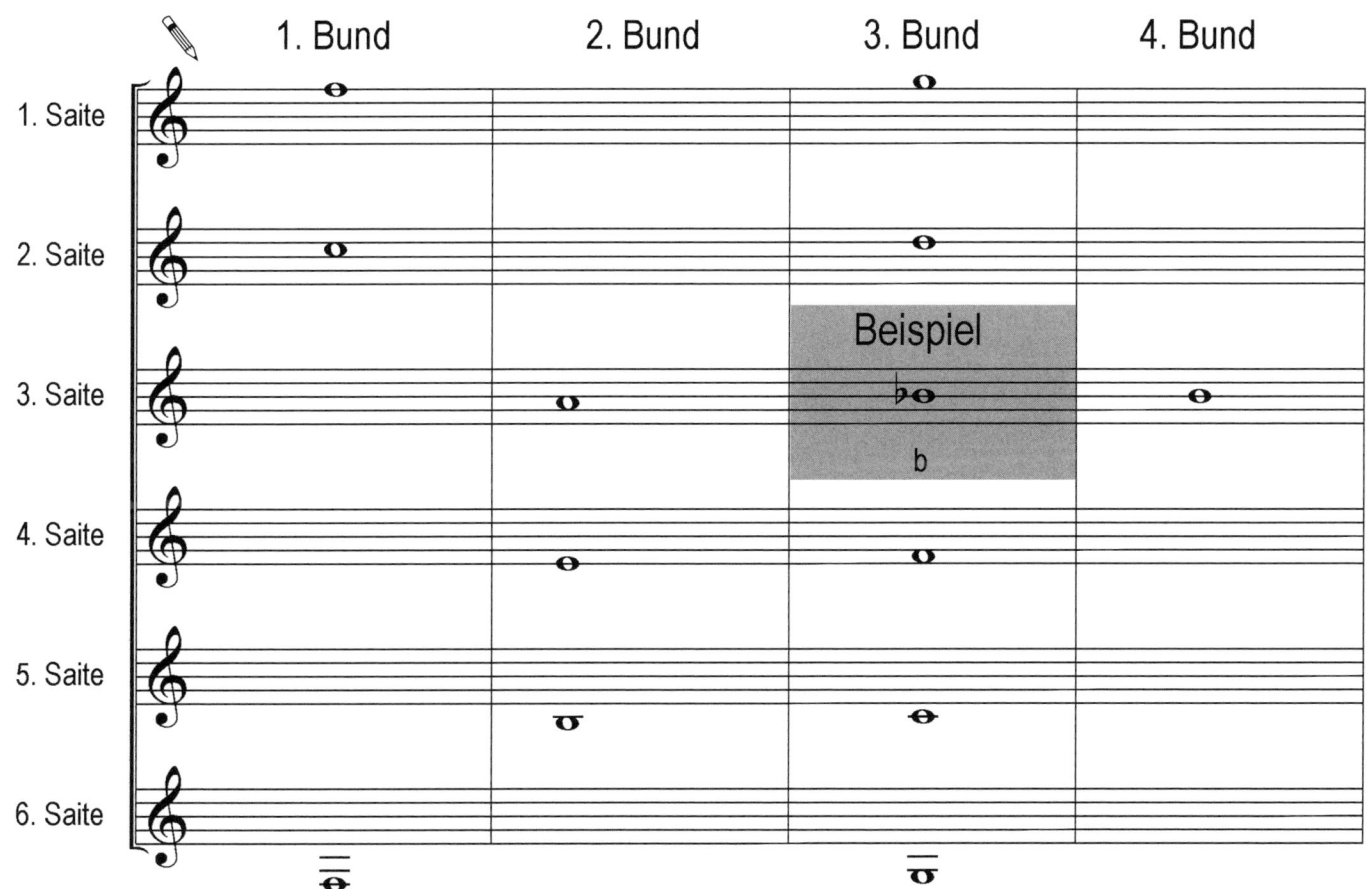

Die Lösungen findest du im Internet auf www.gitarre-fuer-kinder.de

Das Auflösungszeichen (♮)

Das Auflösungszeichen hebt die Wirkung von ♯- und ♭-Vorzeichen für die Dauer eines Taktes wieder auf. Der Ton erhält seinen ursprünglichen Namen und wird auch an der ursprünglichen Stelle gespielt. Soll das Auflösungszeichen auch im folgenden Takt gelten, muss es wieder vor der Note stehen.

Das ist die Lösung!

Beispiele

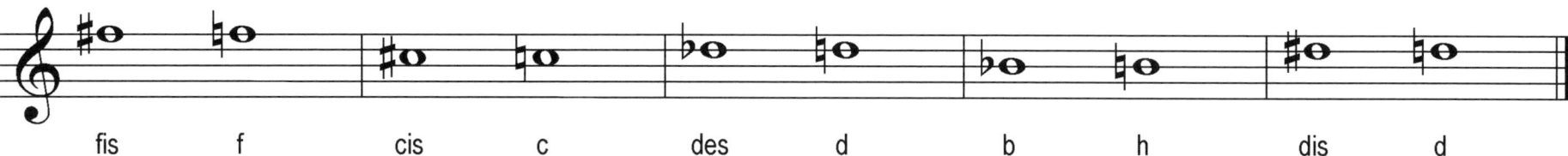

fis f cis c des d b h dis d

Warm-Up mit Auflösungszeichen

Schreibe die Notennamen unter die Töne!

Boogie Bass

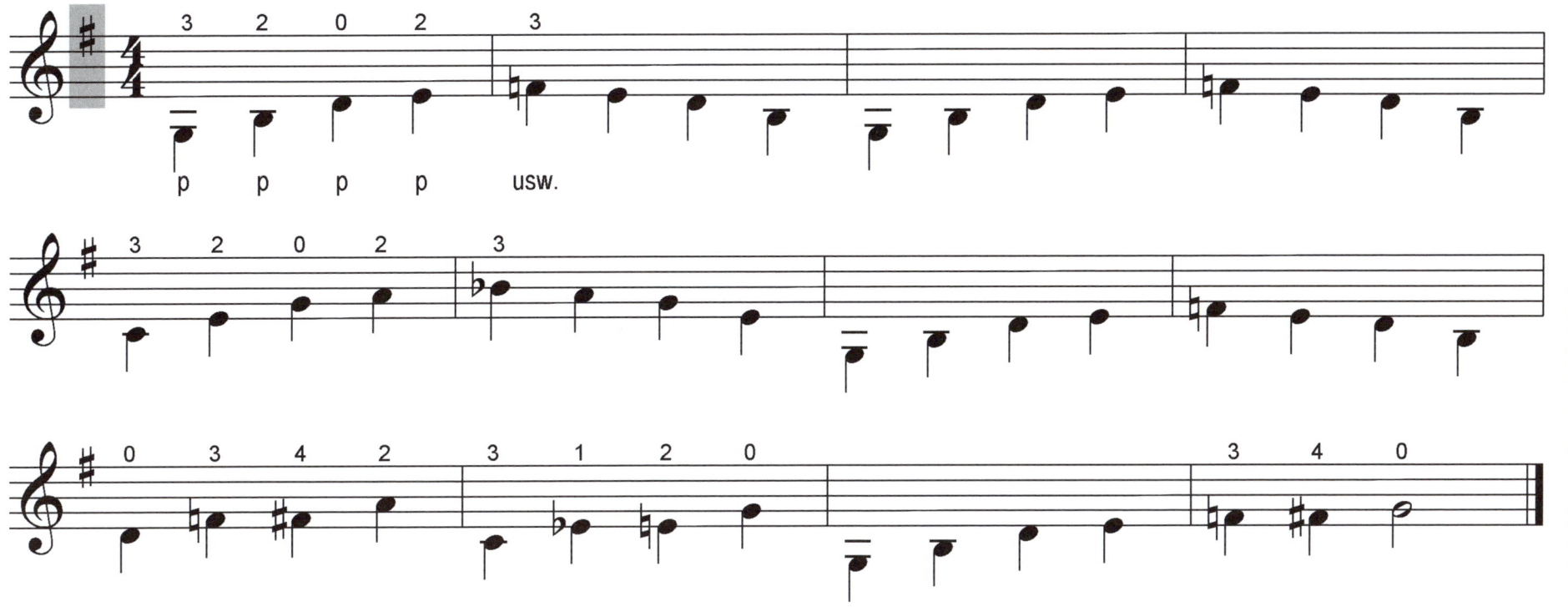

96

Beachte das Dauervorzeichen ♯ !

Den „BoogieBass" kannst du zusammen mit der „Bluesmelodie 2" von S. 84 als Duo spielen.

94 Bluesmelodie 1

*Der Blues
ist die Wurzel
der heutigen
Jazz-, Rock-
und Popmusik.*

Notenaufgabe

Trage in die Tabelle ein:

1. den Notennamen jeder Note mit ♮,
2. den Finger, mit dem du greifst,

3. die Saite, auf der du greifst und
4. den Bund, in dem du greifst.

Name	g						
Finger	0						
Saite	3						
Bund	0						

Die Lösungen findest du im Internet auf www.gitarre-fuer-kinder.de

?

In den letzten beiden Stücken dieses Buches musst du nochmals alle Stammtöne und viele Töne mit Vorzeichen verwenden. Im ersten, dritten und siebten Takt greifst du im gleichen Bund, aber auf verschiedenen Saiten. Damit diese Töne nicht abgehackt klingen, greifst du im dritten Bund der ersten Saite mit dem vierten Finger.

95 Bluesmelodie 2

Musik: Norbert Roschauer

Du kannst diese Bluesmelodie zusammen mit dem „Boogie-Bass" von S. 81 als Duo spielen.

96 Bluesmelodie 2 / Boogie Bass als Duo

Du kannst die „Bluesmelodie 2" zusammen mit dem „Boogie-Bass" von S. 81 als Duo spielen.

Das Abschlusskonzert

Für Elise

frei nach: Ludwig van Beethoven (1770 – 1827) 97

m i m i m i m i m i m p i m a p i m a p m i usw.

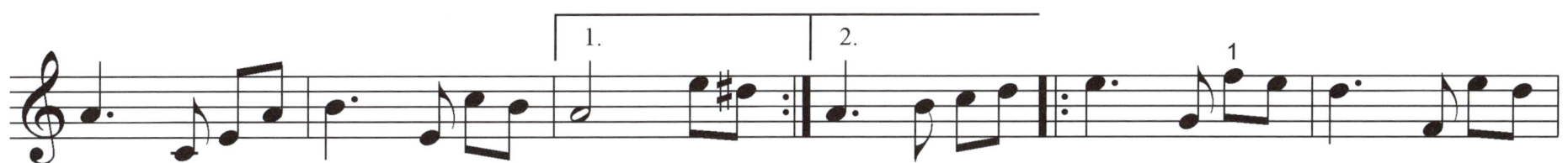

Ursprünglich hatte der Komponist Ludwig van Beethoven „Für Elise" als Klavierstück komponiert. Heute gehört es zu seinen beliebtesten Werken, das von den unterschiedlichsten Instrumenten gespielt wird.

Am

85

Toll! Du hast es geschafft!

Mittlerweile kennst du dich schon richtig gut auf der Gitarre aus. Du hast viel gelernt und weißt die wichtigsten Dinge, die man zum Gitarre spielen braucht. Die Reise durch die weite Welt der Gitarre hört hier allerdings noch lange nicht auf! Es gibt noch viel mehr zu entdecken. Für deine weiteren Erkundungen bist du aber gut gerüstet. Es gibt viele unterschiedliche Musikrichtungen zu erforschen!

Wie geht es weiter?

Du kannst beispielsweise viele weitere *Akkorde*, *Rhythmen* und *Zupfmuster* lernen, damit du deine Lieblingslieder und die Songs deiner Lieblingsband spielen kannst. Im Musikalienhandel gibt es viele Liederbücher, die du verwenden kannst. Vielleicht willst du mit deinen Freunden demnächst eine Band gründen?

Du kannst aber auch das *Melodie*- und das *Solospiel* weiter ausbauen. Man kann mehrstimmig spielen, und es gibt noch viele Töne in den höheren Bereichen des Griffbretts zu erkunden. Auch dazu gibt es viele Hefte mit Spielstücken und Bücher, die dir weiterhelfen!

Willst du z. B. in Richtung Klassische Gitarre weiter machen, empfehle ich dir *Garantiert Konzertgitarre lernen*.

Gehen deine Vorlieben mehr zur Liedbegleitung, empfehle ich dir *Garantiert Gitarre lernen* und das *Audio-Songbook* sowie *Das Songbuch* aus der Garantiert-Reihe.

Möchtest du E-Gitarre lernen, ist *Garantiert E-Gitarre lernen mit Flunk* besonders gut geeignet.

Du kannst gern im Internet unter alfredverlag.de nachschauen. Das ist der Verlag, der diese Bücher herausgegeben hat.

Auf jeden Fall solltest du mit dem Gitarre spielen weiter machen! Musik machen ist ein Hobby, das ein ganzes Leben lang Spaß machen kann, auch wenn das Üben manchmal recht mühselig ist. Versprochen!

Ganz großes Indianerehrenwort!

Und jetzt hast du dir deine Urkunde auf S. 88 redlich verdient!

Liederverzeichnis

Verzeichnis der Solostücke

URKUNDE

für

_____

die/der den Gitarrenkurs

GARANTIERT GITARRE LERNEN

FÜR KINDER BAND 2

mit Erfolg durchgearbeitet hat.

Lehrer _____

Elternteil_____

Datum _____